天使と悪魔

造事務所 編著 吉永進一 監修

MdN新書
049

人間の希望と欲望を照らす、天使と悪魔の世界

～まえがきにかえて～

羽根のはえた天使の姿を見ると、心安らぐのはなぜだろうか。

キリスト教やイスラム教では、神というものが崇高で絶対無比の存在である。そこで、人間と神の中間にいて両方をつなぐ、天使のような存在が必要になる。全知全能の神よりも、人間のすぐそばに寄り添って、助言を与えてくれる存在のほうがありがたいときもある。仏教徒にも「天使」の意味がわかるのは、彼らが人間の希望の、よき理解者であるということが、その図像を超えて伝わってくるからだろうか。

もっとも、天使にいつも羽根があるかどうかは疑問である。羽根のはえた幼児のイメージは、キューピッドという異教の神から生まれたもので、もとは成人の姿であった。しかも、羽根のないものや、悪魔と見まがうような恐ろしい姿のときもある。

たとえば、ムハンマドが出会った天使ジブリールは、あるときは旅人の姿であり、またあるときは六百枚もの翼をもち天空を覆う巨大な姿であったという。エゼキエルの見た、半人半獣の奇怪な天使も有名である。しかも天使によっては、魔術で呼び出されるものもある。そうなると悪魔とあまり変わらない。そもそもルシファーは堕天使ではなかったか。

そう、じつは天使と悪魔のあいだには絶対の区別はないのだ。

神学者トマス・アクィナスは、針の先で踊る天使の数を計算したと（誤って）伝えられている。もちろん天使の数など数えられるものではないが、それが人間の希望に寄り添うものなら、希望の数、祈りの数だけ天使がいるというのが正解だろう。そうであれば、悪魔は人間の欲望の数だけいるのだろうか。

希望は欲望と区別し難い。天使が愛らしく、私たちを支える存在であり続けるかどうかは、私たち次第かもしれない。

吉永進一

天使と悪魔——目次

Part 2　東方世界の天使

Part 3 西方世界の悪魔

数千年の長きにわたり、絶対神に抗い続ける西方の悪魔たち

Part 4　東方世界の悪魔

弱い人間の心にとり憑き死へと誘う、東方の悪魔たち

Part 5　聖人と魔導師

Another Episode

イラスト　仙田聡
文　章　奈落一騎（Part3、4、聖人と魔導師）、高橋一人（Part1）、佐藤賢二（Part2）、菊池昌彦（聖人と魔導師）
図　版　原田弘和
校　正　新名哲明

Part1 西方世界の天使

〈西方世界の主な天使〉

ミカエル
ガブリエル
ラファエル
ウリエル
メタトロン
ラジエル
サンダルフォン
ラミエル
ラグエル
アナフィエル
サリエル
サマエル
ソフィア
モロナイ
モンスの天使
ほか　計五十の天使

唯一神ヤーウェに仕える使者
白き翼のキリスト教天使たち

西方といえばヨーロッパ、ヨーロッパといえばキリスト教。その宗教画に描かれた優美なる群像の、意外な出自と数多い謎とは？

天上と地上をつなぐ、神と人との仲介者

英語の「エンジェル（angel）」の語源は、ギリシア語の「アンゲロス（angelos）」にある。もともとはヘブライ語の「マラーク（malak）」を訳したもので、意味は、「神の影の面」、もしくは「使者」。「天からの使い」という文字をあてた日本語の「天使」は、その双方の意をくみとった、じつに的確な訳語といえる。

似たような概念は、世界各地の宗教や神話にあるが、もっとも浸透しているのは、やはり

白い翼をもつ、キリスト教の天使像だろう。その原型は、メソポタミア神話など、さまざまな多神教の神々にある。キリスト教が広まるにつれ、彼らは次第に、唯一神ヤーウェ（ヤハウェ、エホヴァとも）の配下とされていったのだ。

ただし、彼らのトレードマークたる白い翼は、ギリシァの古代彫刻などをヒントに、宗教画家たちがあとから付与したイメージ。いわば彼らは、複数の宗教・神話の混血といえる。

本章で紹介する天使の大半は、そのキリスト教の文献や伝承に登場する面々である。が、そもそもキリスト教は、ユダヤ教から分岐した宗教だ。ユダヤ教からキリスト教へ続く宗教伝統を総称して「ユダヤ＝キリスト教」というが、双方の天使論には微妙な違いもある。ゆえに各天使は、正反対の履歴や逸話を兼ね備えていることも多い。

矛盾だらけのユダヤ＝キリスト教天使論

彼らがいかなる存在なのかは、古くから論争のタネとなってきた。しかし、ユダヤ教とキリスト教、共通の正典たる旧約聖書には、天使に関する記述は意外に乏しい。では、神学者たちは何をもって、みずからの主張の論拠としたのだろうか？

まず挙げられるのは、聖書に次いで重視される外典・偽典だ。

とくによく引用されるのは、『エノク書』や『トビト書』『バルク黙示録《もくしろく》』など。天使たちの住む天上世界が、七つ（もしくは十）の階層からなるとの考えは、『エノク書』がもとである。

外典・偽典以外では、中東の著述家、偽ディオニュシオスの『天上位階論』も、後世の天使論に多大な影響を与えた書物として有名。

このなかにある「天使の九階級」の序列（すべての天使は、上級天使、中級天使、下級天使の三種に分類され、さらに、そのおのおのが三つずつの階級に分割されるというもの）は、現在でも、ユダヤ＝キリスト教の天使論を語る際には、必ず紹介される。

が、これには異論もある。ユダヤ教、キリスト教が、ともに「もっとも偉大な天使」とするミカエルは、旧約聖書では「大天使」を名乗っているが、「九階級」では「大天使」は下級天使と規定されてしまう。じつは、ユダヤ＝キリスト教の天使論に、この種の矛盾や齟齬《そご》はつきものなのだ。

たとえば、天使の全体数は約三億百六十五万人、約四十億人、あるいは「すべての物体より数が多い」と諸説ある。

また、天使の性別も、神学者や聖職者のあいだでは、男でも女でもない、中性的存在とす

偽ディオニュシオスの「天使の９階級」

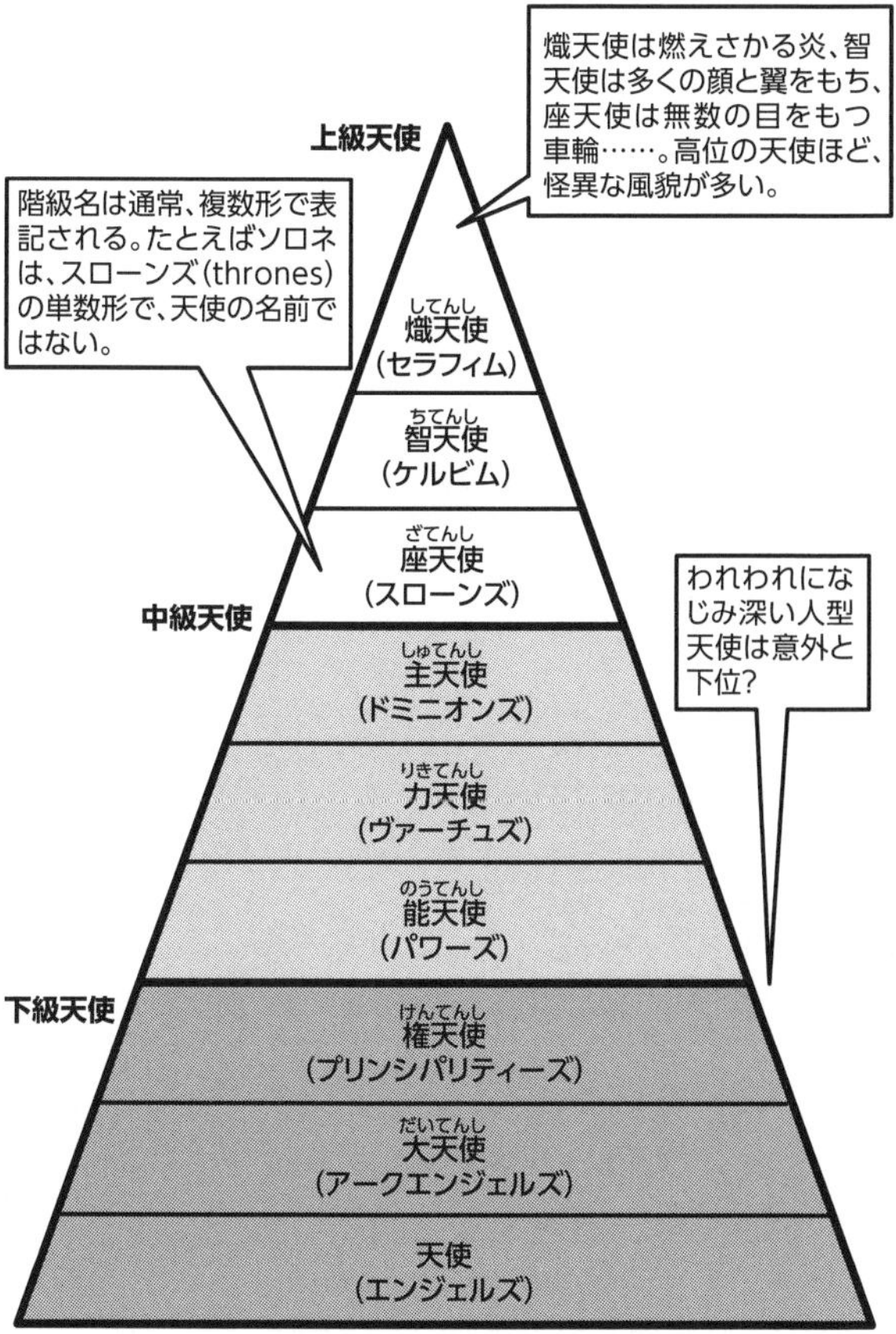

上級天使
中級天使
下級天使
階級名は通常、複数形で表記される。たとえばソロネは、スローンズ(thrones)の単数形で、天使の名前ではない。
熾天使は燃えさかる炎、智天使は多くの顔と翼をもち、座天使は無数の目をもつ車輪……。高位の天使ほど、怪異な風貌が多い。
われわれになじみ深い人型天使は意外と下位?
熾天使《してんし》
(セラフィム)
智天使《ちてんし》
(ケルビム)
座天使《ざてんし》
(スローンズ)
主天使《しゅてんし》
(ドミニオンズ)
力天使《りきてんし》
(ヴァーチュズ)
能天使《のうてんし》
(パワーズ)
権天使《けんてんし》
(プリンシパリティーズ)
大天使《だいてんし》
(アークエンジェルズ)
天使
(エンジェルズ)

る説が優勢だが、一般においては、女性のイメージが強く、逆に古い文献では、明確に男性説を唱えていたりする。

さらに、『黙示録』に登場する「七人の大天使」の顔ぶれについても、ミカエル、ガブリエル、ラファエル、ウリエルがこのなかにふくまれることは、多くの文献で一致する。だが、残り三人をめぐっては諸説あり、メタトロン、ラミエル、サリエル、ハニエル、ラグエル、ラジエルなど、候補が乱立している。

おそらく、これらの命題に正解はないというのが本当だろう。

天使たちの伝説は、今もなお発展し続けている?

さて、本章では、ユダヤ゠キリスト教の系譜からやや逸脱する天使たちも、幾人か取りあげている。グノーシス主義(霊的知識によって救われると説いた宗教的思想)の天使たちと、近現代において遭遇報告がなされた、新天使たちである。

前者はさておき、後者の天使たちを、伝統的な天使たちと同列に紹介するのは、日本人の目には、やや奇異に映るかもしれない。

が、一九九〇年代に米国で起きた熱狂的な天使ブームを見ればわかるとおり、キリスト教文化圏では、今でも本気で天使の実在を信じる人が、少なくない。彼らにとっては、天使は決して空想の産物でも、過去の遺物でもない。現在進行形で語られるべき、生きた崇拝対象なのだ。

彼らが天使との邂逅《かいこう》を希求するかぎり、天使のリストには、今後も新しい名前が書き加えられていくに違いない。

ミカエル――全天使に号令する、神の御前のプリンス

旧約聖書にはっきりその名が明記されている三人の天使のひとりで、その名は、「神に似た者」という意味をもち、しばしば、「神と同等の者」とも解釈される。

そのことからもわかるとおり、ミカエルはキリスト教のみならず、ユダヤ教、イスラム教においても、もっとも偉大とみなされる、いわば天使世界の重鎮である。

人気・実力、すべてにおいて頂点に立つ

その存在の大きさは、背負った肩書きの多さにも、よく表われている。

多くの文献はミカエルを、「四大天使」、「七人の大天使」、そして、十二人いるという「神の御《み》前《まえ》の天使」のひとりとして挙げ、かつ、それらの筆頭格としている。

一般にミカエルは「大天使」とされるが、「九階級」のなかでの最高の位階は熾天使《してんし》だ。よってミカエルは、熾天使でありながら、同時に、下位のクラスである力天使《りきてんし》・大天使の長をも兼任しているといわれる。天上の七階層のうち「第四天の支配者」であり、また、「イスラエルの守

護者」でもある。そんなミカエルは、さまざまな外典・偽典にもひんぱんに登場する。

それら文献資料以外でも、彼が降臨して奇跡を行なうのを目撃したという民間伝承が、ヨーロッパの各地には数多く残っている。彼の名を冠した教会、寺院、大聖堂、修道院などは、たいていはそうした土地の伝説に由来しているのである。

このことは、庶民のあいだでのミカエルの人気の高さを示している。実際、中世期のカトリック教会が、加熱する天使信仰を危険視して、多くの天使を堕天使と認定し、彼らへの崇拝を禁じたときですら、ミカエル崇拝に関してはこれを認め、むしろ奨励した。熱狂的信者を多数もつミカエルを非難することには、さすがの教会の権威者たちも尻込みせざるを得なかったのだろう。

現在でもカトリック教会は、ミカエルより偉大な天使は存在しないとして、彼を「天使の王子」と呼んでいる。

悪魔軍団を撃退せよ！　天使軍団のリーダー

大物だけに、ミカエルに関する資料はじつにさまざまだが、それらをすべて信じるならば、彼はひとりで膨大な量の役割を背負っていることになる。たとえば、一般には「預言と啓示」はガブリエル、「治癒と癒し」はラファエルの担当とされているが、そうした仕事まで、ミカエルに託されてしまうことが少なくない。それはそれで、ミカエルの偉大さの証しではあろうが、ともすれば、彼に仕事を奪われたほかの天使の立つ瀬がなくなってしまうので、ここではあえて、多くの文献が共通して述べている、ミカエル独自の役割にしぼって紹介したい。

キリスト教の宗教画で、定番となっている画題のひとつに、「サタンと戦う聖ミカエル」がある。そこでのミカエルは、たいてい、長い金髪の美貌の騎士として描かれ、背中に白い翼をはやした体を鎧に包んで、右手に剣、左手に魂の公正さを測る秤《はかり》を携え、龍などに化身したサタンを踏みつけている。この画題が示すように、神の摂理の代行者としてサタンと戦い、罰することこそが、ミカエルのもっとも主要な任務なのだ。事実、『黙示録』では、サタンがほかの堕天使（＝悪魔）らを率いて神に反旗を翻《ひるがえ》した際、ミカエルは天使の軍勢を率いて、これを退けている。

ほかにも、『ユダの手紙』には、モーゼの遺体をめぐってサタンと争うミカエルが描かれているし、『ゼカリヤ書』にも、サタンと対決する「主の御使《みつか》い」に関する記述がある。「主の御使い」がミカエルであるとは明記されていないが、この語は、同種の「ヤーウェ（ヤハウェ、エホヴァ）の天使」と並んで、聖書に頻出する。その何割かは、神自身が化身したものだとする説もあるが、伝統的には、ミカエルを指すと解釈されている。サタンにとっては、神よりもむしろ、その忠臣たるミカエルこそが、毎回のように野望をくじく、忌々《いまいま》しい宿敵といえるだろう。

ガブリエル――聖母に受胎を告げた、神のメッセンジャー

「神の英雄」という意味の名をもつガブリエルを語るうえで、まず欠かせないのは、ミカエル同様、旧約聖書に名前を明記されている天使のひとりだということだ。ラファエルの名が登場する『トビト書』を外典とみなせば、この栄誉を担うのは、ミカエル以外では唯一ガブリエルのみである。

天使のナンバー2は女性だった？

それだけにその存在は大きく、キリスト教においては「智天使《ちてんし》の長」にして「第一天の支配者」とされ、オカルトや魔術の教義でも、「一月の天使」、「月曜日の天使」、「(天体の）月の天使」、「水瓶座の天使」など、多くの肩書きをもつ。

もうひとつ、この天使の特筆すべき点は、一般に、男性もしくは両性具有とされる天使たちのなかにあって、ただひとり、女性かもしれないということである。「神の玉座の左側に立つ（もしくは座す)」といわれていることが、その根拠のひとつだが、ほかにも、聖母マリアの前にガ

ブリエルが現われた際、当初、相手が男だと思って恐れおののいたマリアが、やがて同性と悟って緊張を解いた、といった逸話が、聖書の翻訳者、聖ヒエロニムスによって語られている。

ただし、女性天使の存在に懐疑的、否定的な人々も、少なくはない。ゆえに、ここではあえて断定は避けるが、宗教画のガブリエルが、多くの場合、柔和で慈悲深そうな面差しで、ときには明確に女性として描かれているのは、事実である。

神に選ばれた人々に、ありがたいアドバイスを贈る

そんなガブリエルの主要な任務は、「預言」と「啓示」によって、神の意向を人々に伝えることである。もっとも有名な行ないが、前述した聖母マリアへの「受胎告知」だ。

マリアは処女でありながらイエスという子を身籠《みご》ったわけだが、『ルカ伝』によれば、これを事前に彼女に告知し、胎内の子が救世主となることを告げたのが、ガブリエルであった。

この場面は、「サタンと戦うミカエル」と並んで、ひんぱんに宗教画の画題とされるが、それらのなかで、ガブリエルはたいてい、純潔のシンボルである百合《ゆり》の花（百合は処女の女性器の隠喩でもある）を手にしている。これはときに、オリーブの小枝や、棕櫚《しゅろ》の木に置きかえられたりもする。ところで、受胎の際、マリアはまだ十四歳の乙女だったが、すでに老人であるヨセフと

婚約していた。彼女の妊娠を知らされたヨセフが、幼な妻の素行に疑念を抱いたのは、もっともであろう。思い悩んだ彼は離縁を考えたが、そんな彼の夢のなかに天使が現われ、マリアを受けいれるよう命じたという話が、『マタイ伝』にある。この天使の名は明記されていないが、たとえばこの場面を題材としたラ・トゥールの名画『聖ヨセフの夢』は、天使を女性として描いている。例の女性説と相まって、これもまた、ガブリエルの仕事と考えられていたことがうかがわれる。のちに、いよいよイエスが誕生したとき、それを賢者たちに知らせたのも、さらに後年、ユダヤ王ヘロデの迫害が迫っていることをヨセフに警告し、エジプトへの逃走をうながしたのも、やはりガブリエルだった。

『ダニエル書』においては、ダニエルの見た幻視の謎解きをし、イエス生誕に先立っては、洗礼者ヨハネの到来も予告している。こうした活躍ぶりは、まさに「お告げの天使」と呼ぶにふさわしい。そんなガブリエルの性格は、ずっとあとの、中世の時代になっても一貫している。かの「オルレアンの乙女」ことジャンヌ・ダルクは、異端審問にかけられた際、王太子を助けるよう自分に命じたのは、ガブリエルだったとも証言しているのだ。

マリアといい、ジャンヌといい、女性の純潔＝処女性と関係が深いガブリエルは、天国から子宮に導いた魂を、九ヶ月の妊娠期間中、指導するともいわれている。

ラファエル

親切で気さくな、旅人の守護者

旧約聖書に名前が登場する、由緒ある天使の三人目。ただし、ガブリエルの項でふれたように、ラファエルはこの栄誉にあずかれない場合もある。

というのは、ほかのふたりの名を明かした『ダニエル書』と異なり、ラファエルの名が登場する『トビト書』のあつかいが、宗派によって違うからである。カトリックと東方正教会（＝ロシア正教、もしくはギリシァ正教）では正典だが、プロテスタントやユダヤ教では外典あつかい。この場合、ラファエルの地位は微妙に下落してしまうことになる。

重要外典『トビト書』で主人公父子を助けて大活躍

とはいえ、『トビト書』が重要な文献のひとつであることは、衆目の一致するところ。よって、ミカエルやガブリエルよりやや格落ちするとはいえ、ラファエルが偉大な天使ランキングの上位に、つねに位置していることは事実である。彼の名は、「四大天使（36ページ）」、「七人の大天使」、十二人の「御前《みまえ》の天使」のなかに含まれているし、「力天使《りきてんし》の長」、「第二天の支配者」とも

いわれる（ただし、所属する位階は、熾天使《してんし》、智天使《ちてんし》、主天使《しゅてんし》、能天使《のうてんし》の諸説がある）。オカルト・魔術の教義では、「太陽の天使」、「日曜の天使」などの肩書きもつ。

「神の薬」を意味するその名のとおりの活躍を、『トビト書』での彼は見せている。目の見えないトビトの息子であるトビアが父の命令で旅に出た際、ラファエルは人間に化身してトビアの道連れとなり、しばしば有用な助言で彼を助けたうえ、魚の内臓から処方した薬によって、トビトの視力をも回復させてやるのである。この物語が示しているように、ラファエルは治療者であると同時に、「若者の守護者」、「旅人の守護者」でもある。その姿は、トビアとの旅に材をとった宗教画に、サンダルを履いて杖をつき、小箱を携え、水筒をさげ、ズダ袋などを背負った、いかにも旅人らしいスタイルでよく描かれる。ただし、本来、彼がトビアたちに正体を明かすのは、旅が終わったあとのはず。だが、多くの絵画ではなぜかラファエルを、背に翼をはやした、あからさまな天使の姿で描いている。おそらく、いっしょにいるトビアには翼は見えていない、という暗黙の約束事が、伝統的に成立しているのだろう。

近寄りがたさとは無縁？　親近感あふれる人間との交遊録

さて、旅の道連れといえば、陽気で快活、そして親切な気質の持ち主が好ましいものだ。ラファエルはまさに、そうした性格であるらしい。以下、そのイメージを裏切らないエピソードを、いくつか紹介する。まずは、ミルトンの叙情詩『失楽園』から。ここでのラファエルは、エデンの園にある「命の木」を守る役目を担っており、この楽園で暮らしていたころのアダムやイヴといっしょに食卓を囲んで、その席で、サタンの危険について彼らに警告を発している。結果的にこの警告は無駄《むだ》に終わり、アダムたちは楽園から追放されてしまうのだが、それはもちろん、ラファエルの努力不足のせいではない。そして、次なる親切の対象は、方舟《はこぶね》伝説で有名なノアだ。『ノアの書』には、ラファエルが友好の証しとして、彼に医学書を授けたことが記されている。通常、ノアはラジエルから与えられた伝説の奇書、『ラジエルの書』から、方舟建造に必要な知識を得たとされるが（40ページ）、この医学書に関しても同様の伝承がある。このことから、じつはこのふたつの書物は同一なのではないか、という説もある。

さらにラファエルは、ヤコブが天使と格闘した際（この天使がだれだったかについては諸説ある）、外れてしまった彼の関節を戻してやったり、また、高齢になってから割礼（ペニスの包皮の切除。ユダヤ教徒は通常、赤ん坊のころに済ませている）を行なったアブラハムの激痛を和らげてやったりもしている。

包茎手術のアフターケアまでしてくれるとは、なんとも気さくな天使がいたものである。

ウリエル——過剰に苛酷な、炎の仕置き人

天使はやさしいとは限らない——罪人には容赦しない懲罰者

旧約聖書正典に登場する三天使（ミカエル、ガブリエル、ラファエル）に次ぐ存在を、正典外の文献から求めた際、真っ先に名が挙がるのが、まちがいなくこのウリエルである。一般的には、三天使に彼を加えたこの四人をもって、もっとも偉大な「四大天使」と呼ぶ。当然、彼もまた「七人の大天使」や「御前《みまえ》の天使」に加えられることが多い。属する位階は、熾天使《してんし》とも智天使《ちてんし》とも大天使ともいわれる。

その名は「神の炎」を意味し、開いた掌《てのひら》に炎を携えた姿で描かれる。炎は人間への贈り物であり、愛の証しともいわれる反面、彼が罪人を処罰するための道具ともなる。彼は地獄をとりしきる役目を担っており、罪人の魂を永遠の業火《ごうか》で焼いたり舌で吊って炎であぶるといった容赦のなさで、畏怖されてもいるのだ。このあたり、同僚のラファエルのやさしげなイメージとは、じつに対照的といえよう。

ラファエルの項で軽くふれたとおり、人間ヤコブがある天使と格闘して、ほぼ互角に戦ったあ

永遠の業火で罪人をさいなむウリエル。掌にのせた炎は、彼のシンボルだ

げく、関節を外されたという逸話が、『創世記』にある。

その天使の名は明確でないが、ウリエルだとする説が多い。

また彼は、炎の剣でエデンの園を護衛する門番とも、ソドムとゴモラを滅ぼすために遣わされた「破壊の天使」ともいわれる。

これらの逸話や役職から、厳格で潔癖な気質がうかがわれる。

そんな彼は、じつはカトリックでは、天使ではなく聖人と位置づけられる。

七四五年の公会議（46ページ）で、一時堕天使の烙印《らくいん》を押され、のちに名誉回復が行なわれたものの、天使には復位されなかったのだ。

はたして当人は納得しているのだろうか？

メタトロン――人間ながら神に導かれて化身した、天界一の巨人

三十六対の翼と三十六万五千の目をもつ

ユダヤ＝キリスト教の文献に登場する天使の多くは、名前の末尾に、ヘブライ語で「神」を意味する「エル」（el）がつく。つまり彼らは、名によって「神の～」というそれぞれの役割を明確にされているのだ。

その点、メタトロンの名は、明らかに異質だ。語源も不明で、ラテン語の「メタトール」から転じた「測る人」とする説もあるが、一般的には、あえて秘密にされたと考えられている。また、彼は百以上の別名をもつともされ、それゆえに、別の名で知られる天使も、じつは彼の化身だとする説が多い。さまざまな文献で重視され、ときにミカエルより上位に置かれることさえある彼の特異性は、おそらく、彼がもとは人間だったことに関係しているのだろう。

人間時代の名はエノク。その名は、旧約聖書の『創世記』に登場する。アダムの六代のちの子孫で、三百年以上生きたとされる彼は、『ラジエルの書』（40ページ）を手にしたことがきっかけで天に招かれ、ミカエルらの案内で天界を見学した（この見聞録が、数ある偽典のなかでとくに

特殊な経歴をもつメタトロン。眉目秀麗な天使が多いなか、異相さでも際立つ

有名な『エノク書』である）。

彼は神に、宇宙の秘密の記録を命じられ、三十日間徹夜して、三百六十巻もの書物を著わした。

その後、三十日だけ地上へ戻る許しを得て、天で学んだことを子孫に伝えてから、ふたたび昇天してメタトロンとなり、「天の書記」に任じられた。

もとは人間だけに、天使のなかではもっとも若く（年齢は八千五百歳）、背がいちばん高いともいわれ「その大きさは世界の広さに等しい」とされる。

その姿は、三十六対の翼と無数の目（一説には三十六万五千）をもつ「火の柱」として表わされる。

ラジエル――天地のあらゆる秘密を知りつくした、天の著述家

アダム、エノク、ノア、ソロモン……。次なる本の持ち主は？

その名は「神の秘密」を意味し、ラトジエル（ラツィエル）、サラキル（サラクェル）、アクラジエル（アクラシエル）、ガリズル（ガリツォー）などの別名をもつ。

名前のとおり、彼は「秘密の領域と至高の神秘の天使」で、ほかの天使たちが知りえない天地の秘密の鍵を握る存在「七人の大天使」のひとりともいわれる。

また、「座天使《ざてんし》の長」である彼は、この位階を象徴する白い炎として描かれる。

しかし、なんといっても、その深遠な知識をまとめた『ラジエルの書』の作者として知られている。この本には、さまざまな伝説がつきまとっている。

たとえば、人間の祖であるアダムが、エデンの園を追放されたとき、ラジエルは彼を哀れんで、その本を彼に与えたという（神の命令によるという説もある）。が、自分たちが知らぬ秘密を人間が得ることに嫉妬《しっと》したほかの天使たちが、それをアダムから奪い、海に捨ててしまう。神の命令でそれを探し出し、アダムの手に返したのは、のちに堕天して悪魔となり、しばしばレヴィヤ

宇宙の秘密を握るラジエルは、その叡智のすべてを『ラジエルの書』に記した

タン（206ページ）やベヘモット（219ページ）と同一視される、海の天使ラハブだった。やがてこの本はエノクの手に渡り、彼が『エノク書』を書く際の参考ともなった（39ページ）。

次に本を手にしたのは、方舟《はこぶね》伝説で有名なノアだ。彼はこれを読んで大洪水が起こることを知ったといわれる。

七十二人もの天使や悪魔を召喚して使役したという、ユダヤの伝説の王ソロモンの叡智《えいち》の源となったのもやはり、この『ラジエルの書』であった。

以後の本の所在は不明だが、魔術や錬金術の世界では、この本で使われた秘密文字（天使のアルファベット）が、今なお用いられているという。

サンダルフォン——モーゼを恐怖させた、丈高き天使

生身の人間ながら、「死の天使」と戦う

メタトロン同様、「エル」がつかない名前をもつサンダルフォン（サンドルフォン）。その名はギリシア語で「共通の兄弟」を意味し、メタトロンの双子の兄弟である（サンダルの愛好者だからこの名がついたとの俗説もある）。メタトロンと同じく、彼もまた、もとは人間であったといわれている。

かつての名はエリヤ（ギリシァ語のエリアス）で、「我が神はヤーウェ（ヤハウェ、エホヴァ）」という意味。預言者として、救世主イエスの先触れの役を務めた。

旧約聖書によれば、彼はエノクとともに生きながら昇天、天使に化身したとされ（『創世記』）、その際は、「火の戦車で天に運ばれた」といわれる（『列王記』）。

が、じつはエリヤは最初から天使だったという説や、メタトロンと同一の存在で、サンダルフォンは彼の百の名前のひとつだという説、はては、「女性の」智天使《ちてんし》だとする説まであるので、その実像は、メタトロンにくらべると曖昧《あいまい》な点が多い。

「丈高き天使」サンダルフォン。その大きさは地球全体と同じくらい?

しかし、彼もまた天上ではかなりの有力者らしいことは、多くの文献が示している。「第六天(もしくは第七天)の支配者」である彼は、ミカエルとともに、サタンと戦う役割を負っている。

エリヤ時代、生身の人間ながら、「死の天使」と互角以上に戦ったという武勇伝をもつ、彼ならではの役割であろう。

メタトロンに似て巨大で、その身長は、「人間が歩いて五百年かかる距離」、「地に立つと頭が天に届く」などと表現される。預言者モーゼも、天に招かれて彼に会った際、その巨躯《きょく》に恐怖し、彼を「丈高き天使」と呼んだ。

なお、どういうわけか、誕生を控えた胎児の性別を決めるのも、彼の仕事である。

ラミエル——堕天疑惑がつきまとう、天の映像作家

天使か、悪魔か？　その境界線上に立つ、神の雷

一般には、最後の審判を待つ魂たちの監督者であり、「復活を待つ魂の王」とされている。同時に、神のメッセージを映像化して選ばれたものに見せる、「幻視の天使」でもある。

どちらも天使の名に恥じない立派な肩書き・役職だが、堕天使とされることもある。よって、いずれ天使として紹介するのが妥当か否か、微妙なところではあるが、存在の大きさからして、いずれかの項で取りあげないわけにはいくまい。堕天使の多くが、堕天後、神を称える「エル」がつく、もとの名前を捨てているのに対し、彼はそうではないので、ここでは天使としてあつかうこととする。

ラミエルとは、「神の雷」という意味であり、別名のレミエルは「神の慈悲」を意味する。その名のとおり、彼は雷を支配する力をもつとされ、ほかにも、ファヌエル、ジェレミエル、イェラミエル、イエレミエルなどの別名がある。

彼の立場が曖昧《あいまい》なのは、多くは、『エノク書』に由来する。そのなかで彼は、「七人の天使」の

雷を自在にあやつり、人々に幻視をもたらすラミエル。彼は本当に堕天したのか?

ひとりに数えられているにもかかわらず、別の箇所では「背教者たちの指導者」とされているのだ。

ミルトンは後者を採用して、『失楽園』では、彼をサタンの軍勢に加担する悪魔として描いた。が、『バルク黙示録《もくしろく》』では、預言者バルクの幻視と解釈し、さらにそのなかで異教徒セナケリブの軍勢を打ち負かすという、大活躍を見せている。

ただし一般にはこれは、ミカエルの功績として伝わっている。

手柄を格上のミカエルに横取りされた不満が、堕天の動機となったと考えるのは、うがち過ぎだろうか?

ラグエル──政治的処分により一時堕天した、天の監視人

ほかの天使を誘惑から守るはずが、誘惑に負けた?

ラグエルの名は「神の友人」を意味し、別名に、ラグヘル、ラスイル、アクラシエル、ルファエル、マルヤン、スリアン(スルヤン)などがある。「四大天使」に次ぐ高位にある彼は、『エノク書』では「七人の天使」のひとりに数えられている。

エノクは彼を、「光の世界に復讐する者」だと述べている。これは通常、「他の天使の行ないを監視する役を担う者」と解釈される。すなわちラグエルは、天使たちが誘惑にさらされ、堕天するのを防ぐという、きわめて重要な役職にあるのだ。

にもかかわらず、そのラグエル自身が堕天使とみなされた時期がある。七四五年の公会議で、ザカリアス教皇がほかの天使たち(ウリエルなど)ともども彼を非難し、「聖人の名を騙《かた》るデーモン」と認定したからだ。

じつはその根拠は薄弱で、当時も多くの聖職者が異議を唱え、異端者として断罪されたという。実際この騒動は、当時庶民のあいだで過熱気味だった天使信仰を危険視した教会が、それを沈静

堕天使の汚名を着せられたラグエル。本来は、ラッパを吹いて天罰を下す懲罰者

化させることをねらった政治的処分だったというのが、真相らしい。いわばラグエルは、知名度の高い高位の天使であるがゆえに、見せしめとして槍玉に挙げられたのだろう。

が、監視者という役職柄、彼がほかの天使以上に堕天の強い誘惑にさらされていたという考えかたも、一理あるかもしれない。

また、『黙示録《もくしろく》』で、ラグエルは神の命令でラッパを吹き鳴らし、地上に過酷な天罰をもたらす存在として描かれている。そのイメージはたしかに、恐ろしげではある。

エノクを天国へ運んだのも彼だとする説もあるが、通常その仕事は、アナフィエル（48ページ）に帰せられる。

アナフィエル——人間エノクと神を引きあわせた、水の支配者

神の代理人、メタトロンに鞭打ち六十回!

その名は「神から派生した者」、もしくは「神の枝」の意。アナピエル、アンピエル、アンフィエルなどの異名がある。これらの名のうしろに、神の名「ヤーウェ」をつけて呼ばれることもある。ときに、アナエルやハニエルと同一視される。

ユダヤ教神秘主義の一形態であるメルカバでは、「八人の偉大な天使」(いわゆる「七人の大天使」とは異なるグループわけ)のひとり。「水の支配者」、「天の七つの館の鍵の管理者」ともいわれる。

そして彼は、一般的には、エノク＝メタトロンとの深いかかわりで有名だ。

まず、人間エノクを天に運んだのが、アナフィエルである。なお、ハニエルも同じ逸話をもつ(だからこそ同一説があるのだが、通常はアナフィエルの仕事とされる)。エノクは天使メタトロンとなって神に寵愛《ちょうあい》されたが、あるとき、神の怒りを買ってしまう(地上の学者たちが、彼の栄達に不満を訴えたためらしい)。

神の命令により、炎の鞭でメタトロンを打つアナフィエル

その際、メタトロンを炎の鞭《むち》で叩いて罰するよう命じられたのが、アナフィエルだった。

エノクを神に紹介した責任を取らされたのか、あるいは神が手心を加えるようにとの暗示をこめて、あえて彼にこの役を託したのか、定かではない。

だが、たしかにアナフィエルは、この役にふさわしい高位にあった。

メタトロン当人も、彼を「尊厳、栄光、栄誉、才気、光輝に包まれた存在」と評している。

なお、この鞭打ちは「六十回」におよんだとも、「六十個」の鞭で執行されたともいわれる。後者だとすると、先が六十個に枝わかれした鞭が想像できる。それはたしかに「神の枝」という彼の名を連想させる。

サリエル――見つめたものに不幸をもたらす、死の宣告人

月の秘密を人間に話して追放される

名は「神の命令」を意味し、別名に、スリエル、スリイエル、ゼラキエル、サラクエルなど。熾天使《してんし》、もしくは大天使とされ、通常、「第六天の支配者」とされる。

ウリエルと混同されることも多い。これはおそらく、「神の掟《おきて》に背いた天使の運命に責任をもつ」という彼の役割が、看守や獄吏《ごくり》を思わせる点で、罪人を罰するウリエルのそれと似ているせいだろう。

実際サリエルも、ウリエル同様、恐怖の対象とされる傾向が強い。

彼は、見つめられたものに不幸をもたらす「邪眼」の持ち主だといわれ、「死の天使」の有力候補でもある。「死の天使」とは、文字どおり、死者の魂を天国か地獄へ導く天使のことだが、十二人いるとされるこのポストの顔ぶれについては諸説あり、明確ではない。

いずれにせよ、この仕事は、死を拒む相手をなだめすかし、ときには脅したり、騙《だま》したりして魂を連れ去る。人々から畏怖され、また忌避されるのはもっともである。

不幸をもたらす反面、悪霊も追いはらうサリエルの邪眼は、いわば諸刃の剣

その不吉なイメージのせいか、サリエルもまた、「七人の大天使」のひとりに数えられる一方、堕天使とされることがある。禁断の知識である、月の秘密を人間に教えたことをとがめられ、天から追放されたというのだ。

その真偽はさておき、律法学者のイシュマエルに衛生学の知識を与えた、モーゼに叡智《えいち》を授けた、などの逸話もあるので、どうやら人にものを教えるのが好きらしい。

神の側に与《くみ》する天使としては、「光の子と闇の子との戦い」における、光の軍勢の指揮官のひとり。

またその邪眼は、魔よけの効果があるともされる。

サマエル――サタン容疑で指名手配中の重要参考人

のちの悪魔王？　若かりし日の屈辱

その名は、「神の毒」とも、「目の見えぬ神」の意ともいわれる。前者は、ユダヤ＝キリスト教において、彼が「死の天使」（50ページ）とされることと関係しているのだろう。後者は、グノーシス主義（22ページ）の神話に由来するようだ。

その神話では、サマエルこそが、ほかの天使らを含む世界のさまざまな物質を創造したことになっているが（76ページ）、精神を尊ぶグノーシス主義では、物質世界の造物主は、必ずしも崇拝の対象ではない。より高次元の神の存在を忘れ、増長した彼の「無知」ぶりは、むしろ批判される立場なのである。

そんなサマエルを、ユダヤ教は悪魔王サタンと同一視した（１９４ページ）。キリスト教もそれを踏襲し、彼を堕天使のリーダー格とみなしている。堕天の理由は、情欲とも高慢ともいわれ、定かでない。だが、「第五天の支配者」にして「七人の大天使」のひとりだったともいわれるので、元来、かなり高位に位置していたことは、まずまちがいない。

しばしばサタンと同一視されるサマエル。十二枚の翼をもつ「死の天使」

堕天前の彼が、「死の天使」として百二十歳のモーゼを迎えに行ったところ、杖で殴られて撃退されたという逸話がある。結局モーゼには、神がみずから出向いて死を与えたそうだが、サマエルはこのときに失明したともいわれる。

また、ヤコブと格闘して勝てなかった天使（36ページ）も、彼だという説がある。人間によってたびたび面目を失墜させられた彼が、のちに人間に害をなすようになったとしても、無理はないかもしれない。

蛇に化身してイヴを誘惑したともいわれる彼は、『黙示録《もくしろく》』では「十二枚の翼をもつ大いなる蛇」と表現されている。

ラドゥエリエル

天使を産む天使――天の記録係の特異な能力

別名、ラドゥェルエルともいう。ラジエル、エノク＝メタトロン、ヴレティィエル（プラヴュイル）、ダブリエルらと並び称される、「記録天使」のひとり。

記録天使とは、審判の日に備えて、天地のあらゆるできごとを書きとめておく役割を担う天使たちのこと。彼らは人々の善行や悪行をも記録し、神に提出するとされる。その記録が収められた、天の文書館の管理者が、ほかならぬラドゥエリエルである。さしずめ、書記兼司書といったところか。また、「詩と夢想の天使」という称号ももっている。

特記すべきは、彼の口から出る言葉がすべて天使となり、「聖なるかな」と、神を称える歌を謳《うた》うということだ。グノーシス主義で重要視される、ソフィアやデュナミスを別にすれば、通常、ユダヤ＝キリスト教の天使論のなかで、天使を産む力をもつのは神のみ。

つまり、彼だけが例外なのである。その稀有《けう》の能力ゆえか、彼はメタトロンより上位にあるとされ、ときには位階さえ、熾天使《してんし》のさらに上だといわれる。

カイリエル

「失念」を許さない、天の鬼軍曹

名は「軍隊」の意。別名には、カイイエル、ハイイエル、ハイヤル、ハイレアルなど。その名のとおり強大な力を有し、「彼の前では、ほかのすべての天使たちがおびえ震える」、「思うだけで、一口で大地をすっぽり飲みこむことができる」などといわれている。

彼はハイヨト（ユダヤ教神秘主義のメルカバにおいて、第七天に住むとされる上級天使たちのこと）の支配者だが、一方で、「救いの天使」（やはりメルカバにおいて、最下級とされる天使たちの監督者という仕事も担っている。

毎日死んでは新たに生まれてくるとされる、多数の「救いの天使」たちは、いうなればいくらでもとり替えのきく雑兵といった存在。そんな彼らは、定時に神を称える歌（クェドサ、ケドゥシャ、もしくはトリスアギオン）を三唱することを義務づけられている。

彼らがこの義務を忘れたり怠ったりすると、炎の鞭《むち》で叩いて罰するのが、カイリエルである。その苛烈《かれつ》さはどこか、新兵をしごく鬼軍曹を想起させる。

カマエル

任務に忠実だったために、モーゼに殺された？

その名は「神を見る者」を意味し、ケムエルと同一視される。ほかに、カミエル、カミウル、カムエル、カムニエル、カンセル（カンケル）などの別名がある。「能天使《のうてんし》の長」にして「火星の支配者」。ユダヤ教神秘主義のカバラでは、「生命の樹」（宇宙の構造を図案化したもの）を形成する要素、セフィロトのひとり。魔術の世界では「七人の大天使」のひとりだが、オカルト教義では堕天使とされ、冥界《めいかい》のパラティン伯として、岩の上にうずくまる豹《ひょう》の姿で召喚されるという。ドルイドの神話では戦の神。一万二千もの「破壊の天使」を率いるとの伝説もある。ウリエル、サマエルと並び、ヤコブと格闘した天使の候補でもある。

イエスが捕縛された地、ゲッセマネにおいて、受難を予期したイエスを励ましたともされるが、通常これは、ガブリエルの役どころ。独自の逸話としては、かのモーゼが神から律法を受けとるべく天に昇った際、天国の門番として、その行く手を阻んだことが有名。このとき彼は、相手の偉大さを認めて、みずから門を開けたとも、モーゼに殺されてしまったともいわれる。

ザドキエル

人類初の子殺しを阻止した、正義の使者

「神の正義」を意味する名をもつザドキエルは、ツァドキエルとしても知られる。ほかに、サキエル、ザダキエル、ゼデキエル、ジデキエルの異称がある。ときにユダヤ教神秘主義のカバラの文典『ゾハール』などに登場する、堕天使アザとも同一視される。

「七人の大天使」の有力候補のひとりで、「主天使《しゅてんし》の長」、「木星の天使」、「慈善・慈悲・記憶の天使」などの肩書きをもち、ゾフィエルとともに、戦闘時のミカエルの軍旗を携える役をも担う。アブラハムが神への忠誠を試され、わが子イサクを生贄《いけにえ》として捧げようとした際、直前でそれを阻止したという逸話をもつゆえに、「アブラハムの個人教授」とも呼ばれる（「個人教授」については59ページ）。が、これらの肩書きの多くは、ほかの天使との分業か、もしくは異説つきのもので、たとえば「木星の天使」は、ザカラエル、アバディエル、ゾビアケル、バルキエルともいわれる。アブラハムとの逸話も、しばしばミカエル、メタトロン、タドヒエルに置きかえられる。そのせいか、彼自身の実像はやや不明瞭な気もする。

ハニエル

愛と美のシンボル、金星を受けつぎしもの

ハニエルは「七人の大天使」のひとりとされることが多く、その名は「神の栄光」を意味する。「金星の天使」という肩書きが共通することから、もっぱらアナエルと同一視される。ほかにも、アナフィエルと同一視されることもある。また、アニエル、アリエル、アニィエル、アウフィエル、ハナエルなど、多くの別名をもつ。ハニエルは「愛と美」を司どる天使でもある。一方、アナエルは「人間の性」を司どっている。このことは、「金星の天使」という肩書きと相まって、メソポタミア神話のイシュタルや、ギリシア神話のアフロディーテを想起させる。どちらも愛と美の女神であり、金星を象徴としているからだ。

ハニエルとしての肩書きには、ほかに、「権天使《けんてんし》と力天使《りきてんし》の長」、「十二月の天使」、「磨羯宮《まかつきゅう》（山羊座）の天使」などがある。オカルト文献では、人間エノクを天国へ運んだ天使とみなされる（48ページ）。アナエルとしての肩書きには、「権天使の長」、「金曜日の天使」、「第二天の長」などがある。また、第一天からの祈りを管理するという。

ゾフィエル

高速移動が特技の神の密偵

ゾフィエルの名は「神の密偵」の意。ザフィエルとしても知られる。ザフキエル（「神の知恵」）やイオフィエル（「神の美」）とも同一視されるが、これらには疑問の声もあるので、ここではゾフィエル＝ザフィエル説に的をしぼりたい。おもな役職は、「智天使《ちてんし》の長」、「土星の天使」、そして「ノアの個人教授」。ユダヤの伝承では、偉大な族長には高位の天使が指導にあたるとされた。たとえばアダムにはラジエル、モーゼにはメタトロン、ソロモンにはミカエルがついた。このそうそうたる顔ぶれに名を連ねているのだから、かなり地位は高いのだろう。

戦いの場ではミカエルの副官を務め、その軍旗を持つとされる。ミルトンの叙情詩『失楽園』では、「もっとも速い翼をもつ」とされ、堕天使たちの攻撃を、いち早く天の軍勢に報告した。

しばしば堕天使とみなされるが、決して邪悪ではなく、ある詩人は「神の御前《みまえ》に戻る希望を失くしていない」と、その悲壮さを謳《うた》い、彼を擁護した。もしかすると、「密偵」の任務ゆえに、真意を偽って敵陣に身を投じていたのかもしれない。

シャムシエル

女遊びで身を持ちくずした、天のエリート将校

名は「日の光」、もしくは「神の強き太陽」の意。能天使《のうてんし》の位に属し、「第四天の支配者」にして、「エデンの園の守衛」。シャムシエルの逸話としては、モーゼが生身の肉体のままで天国を訪れた際、その案内役を務めたことがよく知られている。

ユダヤ教神秘主義カバラの文典『ゾハール（光輝の書）』によれば、彼は、三百六十五人の天使軍団を率いる指揮官で、同僚のハスディエルとともにウリエルの副官を務めるという。ウリエルのような大物天使を将軍とすれば、佐官クラスの将校といったところか。

祈るものに冠をかぶせて第五天へ連れていくともいわれる。が、『エノク書』や『ヨベル書』では堕天使とされている。とくに後者は、彼をグリゴリのひとりに挙げている。グリゴリとは、人間の女性に欲情して地上に降り、彼女らと交わった天使たちのことをいう。エリート将校たるシャムシエルにしてみれば、ちょっとした火遊びのつもりだったのかもしれないが、そうした彼らの堕落が神の逆鱗《げきりん》に触れ、ノアの方舟《はこぶね》で有名な大洪水の引き金となったのである。

ケルビエル

怪獣じみた容姿をもつ、智天使集団のリーダー

「智天使《ちてんし》（＝ケルビム）の長」。座天使の長たるオファニエル（62ページ）同様、みずからが監督する位階名の由来となった天使である。

智天使らは、人の顔、牛の顔、獅子《しし》の顔、鷲《わし》の顔という四つの顔と、四つの翼をもつといわれる（前にも後ろにも一面に目があり、翼は六つとの異説もあり）。

ケルビエル個人については、エノクが語っている。それによれば、「体内には燃える石炭が詰まり、口から炎を噴き、舌は火でできており、顔全体が燃えあがる炎、瞳は火花、まつげは稲妻のようで、神の名を刻んだ稲妻の冠をかぶり、肩に光の弓をかけている」とのこと。怪獣的な容貌のとおり、彼が怒ると地球がゆれるそうだ。ちなみにケルビム（cherubim）は複数形。単数だとケルブ（cherub）。語源はアッシリアの翼のある守護神、カラブ（karabu）にあるらしい。その意味は、「祝福する（者）」、「仲裁する（者）」で、「知識」とも解釈される。

よってケルビエルの名は、「神の祝福」、「神の仲裁」、「神の知識」の、いずれにもとれそうだ。

オファニエル

抽象画か、UFOか？　怪異なる座天使たちの代表者

「座天使《ざてんし》の長」であると同時に「月の支配者」で、月の車輪を管理する天使。

この「車輪」という語は、彼が属する座天使という位階を語るうえで、欠かせぬ要素である。座天使はすべて、「目と羽根だらけ」の円形＝車輪型をしているといわれるからである。そんな彼らを、空飛ぶ円盤と結びつけるUFOマニアは多い。むろん、オファニエルも異形である。エノクは彼を、「前後左右に四つずつ、合計十六の顔をもち、四方にそれぞれ百ずつの翼……目は四方それぞれに二千百九十一ずつ、合計八千七百六十四個……どの顔の、どの目も電光のごとく光り……」と描写している。通常、座天使は「スローンズ（トローンズ）」と呼ばれるが、ほかに、「オファニム」、「ガルガリン」というふたつの異称がある。前者の語源となったのが、このオファニエルの名である。オファニムとは「車輪」、もしくは「多眼の者」の意。

つまり、オファニエルの名は、「神の車輪」とでもいったところか。オファニエル個人の別名としては、オフニエル、オパニエル、オファン、ヤリエルなどがある。

ガルガリエル

座天使たちの労働を監督する、天の中間管理職

座天使《ざてんし》＝スローンズの位階に、ふたつの異称があることは、前項のオファニエルで述べた。ガルガリエルは、そのひとつである「ガルガリン」の語源となった天使で、オファニエルと対をなす存在だといえる。オファニエルが「月」を管理するのに対し、ガルガリエルは「太陽」を担当する。オファニムが「車輪」を意味するのに対し、ガルガリンは「天球」の意。オファニエルの部下は八十八人で、ガルガリエルの部下は九十六人。

一般に「月の天使」はガブリエル、「太陽の天使」はミカエルとされる。ガルガリエルらは、これら大物の天使を直属の上司に戴き、その仕事の一部を補佐する、中間管理職にあたる。

オファニムの次に与えられた呼称がガルガリンという説もあるが、人員の数からして、むしろ並存して仕事を分担していると考えたほうが、自然な気がする。

座天使の位階には、多くの中間管理職天使たちがいて、「七人の大天使」から与えられたノルマを達成すべく、日夜、部下らを叱咤激励しているのかもしれない。

バラキエル

ギャンブラーに崇拝される堕天使

「神の雷光」を意味する名前のとおり、稲妻を司どる。「七人の大天使」のひとり。主な役職は、「熾天使《してんし》の長」、「二月の天使」、「第二天と第三天の長」、「天蠍宮《てんかつきゅう》（蠍座）と双魚《そうぎょ》宮《きゅう》（魚座）の天使」など。「木星の天使」との説もある。バラクィエル、バルキエル、バルクィエル、バラクィヤル、バルビエルなどの異称もあるが、その多くは、堕天使として伝えられる。『エノク書』、『ヨベル書』、バレットの『魔術師』、『レメトゲン』（ソロモンが著わしたといわれる魔法の手引書）などによれば、彼はグリゴリ（60ページ）のひとりで、ザフィエル（ゾフィエル）傘下の「地獄の七人の選帝侯」となったという。

ただし、この場合、堕天前の役職は「力天使《りきてんし》と大天使の長」、「十月の天使」であったとされているので、前述した天使としての経歴とは、若干の食い違いがある。

いずれにせよ、彼は賭博《とばく》において幸運をもたらす存在として有名。堕天使であろうがなかろうが、彼を崇める人々は、つねに一定数、存在するに違いない。

アズラエル

人間の創造に携わって得た、安楽死の技術

ユダヤ教とイスラム教で重視される存在で、「死の天使」のひとりとして知られる。イスラム教では、ラファエルの別名にあたり、ミカエル、ガブリエルと並ぶ高位の天使である。

その名は、「神が助ける者」という意味で、異称にはアズライル、アシュリエル、アズリエル、アザリルなどがある。イスラム教では、七万の足と四万の翼をもつという怪物的な容姿で伝えられるが、ユダヤ教では、死すべきものの魂が恋の誘惑にかられ、すんなり身体から抜け出せるよう、美しい姿をしているとされる。

彼が魂を抜きとる力を得た経緯は、人類の祖であるアダム誕生の物語のなかで語られている。神はアダムを七色の土（あるいは七すくいの埃《ほこり》）からつくったが、その材料集めを任されたのが、ミカエル、ガブリエル、イスラーフィール、アズラエルの四人。そのうち、仕事を成功させたのはアズラエルだけで、その功績によって、この力を授けられたという。

ただし、ユダヤ神秘主義においては、悪の具現でもある。

イリン・クァディシン

律法者の目となった、天使の審判団

ふたりでイリンと呼ばれる双子と、同じくふたりでクァディシンと呼ばれる二組の双子の、合計四人の天使を指す。彼らはその四人で天国の最高裁判所の審判団を構成し、最後の審判に列席する。ふだんは第六天、もしくは第七天に住み、神を称える聖歌を、絶え間なく歌っているという。イリンは「見守る者」、クァディシンは「聖なる者」の意。したがって、イリン・クァディシンは「聖なる見張り」となる。この名は、人間の女と交わって堕天したグリゴリ（60ページ）たちとしばしば混同されるが、別の存在である。

堕天使どころか、彼らに匹敵する天使はほかになく、四人のそれぞれが、ほかの天使すべてを合わせたのと同じくらい偉大だともいわれる。位階も、熾天使《してんし》のさらに上位に置かれる。「もっとも巨大な天使」として知られるメタトロン、サンダルフォンの兄弟と同等の背丈を有し、その身長は、「人間が歩いて五百年かかる距離」に等しい。モーゼはメタトロンの仲介で彼らに会い、彼らを「自分の目」にしたといわれている。

地獄の三天使

トリオで仕事に励んだあげく、得たものは悪名？

アフ、ヘマハ、マシトの三者を指す。名はそれぞれ、「怒り」、「憤怒」、「破壊」の意。ゲヘナ（地獄）で、偶像崇拝、近親相姦《きんしんそうかん》、殺人の罪を犯したものを罰する。こうした役を担う天使は、「破壊の天使」と呼ばれるが、この三人組は同時に、人、家畜、子どもの死を分担して司どる、「死の天使」（50ページ）でもある。

アフとヘマハは兄弟で、ともに黒い鎖と赤い炎の肉体を持ち、背丈が約三千キロメートルある。モーゼを飲みこんだヘマハは、神の命令で彼を吐き出したところ、直後にモーゼに殺されてしまったという。カマエルの殺害（56ページ）といい、サマエルの目潰しといい（53ページ）、モーゼはやたらと「破壊の天使」や「死の天使」に乱暴だが、これはこの天使たちが、しばしば堕天使とみなされることと無関係ではあるまい（名に「エル」がつかないこの三人にも、やはり堕天使説がある）。天使はやさしい存在だというイメージが定着するにつれ、それにそぐわぬ彼らが排除されていった結果と推測されるが、どうにも損な役回りというほかない。

アカトリエル

もしかしたら神かも?

アクタリエル、アクトリエル、ケトリエル（ケテリエル）、イェハドリエル、そして、アカトリエル・ヤ・イェホド・セバオトなどの別名をもつ。イリン・クァディシン同様、全天使の上位に位置する「審判長」のひとり。聖書に頻出する「主の御使《みつか》い」＝「ヤーウェの天使」と同一視されるが、メタトロンの別名だという説もある。

ユダヤ神秘主義カバラでは、栄光の玉座についた神の名。

エリヤは昇天の際、百二十万もの部下に囲まれた彼を目撃したという。

ヤオエル／ヨエル

「小さな神」という名の天使

ヤエル、イェホエル、ヤホエル、そして「小ヤーウェ」とも呼ばれる。いうまでもなく、ヤーウェ（ＹＨＶＨ）は、神の名を表わす四子音文字である。

この「小さな神」の正体を巡っては、神自身とも、メタトロンの異名のひとつとも、神の名を与えられた独立した天使ともいわれ、明確ではない。

いずれにせよ、かなり高位の存在なのはたしかで、アダムとイヴ、アブラハムと関係が深い。とくに後者を導く天使として、さまざまな文典に登場する。

ザグザゲル

神の名を知る、天使の教師

名は「神の光輝」を意味する。別名に、ザグザガエル、ザグンザギエル、ザムザギエルなどがある。

「御前《みまえ》の支配者（神のすぐそばで仕える特権を有した唯一の存在）」にして、「律法の支配者（知恵の天使）」。七十の言語を話し、「天使の教師」を兼務する。

第七天に住みつつ、第四天を守る。

モーゼに神の名を教えたのは彼で、そのモーゼの死の際には、ミカエルやガブリエルといっしょに、じきじきにその魂を取りに赴《おもむ》いた神のお供をした。

カシエル

龍にまたがる土星の君主

別名に、カジエル、カスジエル、クァフシエル。「土星の天使」、「土曜日の天使」として知られる（ただし、クァフシエルの名では「月の天使」）。

「第七天の長」、「能天使《のうてんし》の長」で、「気温・時間・節制の天使」などとされることもある。カフジエルとしては王の死を司どり、ヒジキエルとともにガブリエルの補佐官を務める。「七人の大天使」のひとりともされる。龍にまたがった、あごひげをはやした霊魔《れいま》（ジン）として描かれ、魔術で召喚されるという。

マキディエル

恋する若者の味方

名は「神の豊饒《ほうじょう》」を意味する。ほかに、マルキディエル、マラヒダエル、マルケダエル、メルケイアル、メルケヤルとも呼ばれる。

「三月の天使」にして「白羊宮（牡羊座）の天使」。一年のはじめに現われ、春から夏の九十一日間を支配する。

魔術の世界では「天使の王子」と呼ばれる。呪文で召喚されると、召喚者の命じるままに意中の乙女を指定の時と場所に連れてくるという。しかし、意中の相手が男性の場合はどうなのだろうか？

リクビエル・ヤーウェ

最後の審判の統括者

リクビエル・ヤーウェは、ガルガリンの階級（63ページ）を支配する、六人の長のうちのひとりといわれる。

神の名を示す「ヤーウェ」がつくのは、高位の証。

『第三エノク書』には、メタトロンより上位の天使の名が列挙されているが、彼の名もそこにある。

「最後の審判を司どる偉大な皇太子」のひとり（ギンズバーグ『ユダヤ人の伝説』によれば全部で八人いる）。

第七天に住み、ソペリエルを従える。

ソペリエル・ヤーウェ

ふたりでひとりの熱血書記官

ソペリエル・メハイェとソペリエル・メメトのふたりを指す。ソペリエルはソフリエル、ソフェルと表記・発音されることもある。ともに「第七天の長」で、生者と死者のすべてを記録する。

王の衣装をまとい、冠をかぶり、背丈は七つの天の高さと同等。口から火と稲妻を吐き、一万キロメートル以上ある炎のペンで書きものをする……。

描写するといかにもすごそうだが、リクビエルの命令には従う。かわりに、アズボガに対して命令権をもつ。

アズボガ・ヤーウェ

力をもって病を癒す

アズボガはアズブガとも表記・発音され、「力」を意味する。もとは神の秘密の名のひとつだったとの説もあり、その名は病気などを癒す呪文ともなる。

天使としては、メタトロンより高位で、「最後の審判を司どる八人」のひとり。ふだんは、あらたに天にやってきたものに、義を与える（生前の行ないに対して正邪を判定する）ことを職務とし、神の玉座に仕える特権をもつ。かくのごとく地位は高いが、ソペリエルの命令には従い、かわりに、ゼハンプリュに対しては命令権をもつ。

ゼハンプリュ・ヤーウェ

天秤で神の慈悲を分配する？

その名は「解放者」を意味し、「天の仲裁者」、「神の慈悲の分配者」といった役割を担う。

神の慈悲の分配の際には、ミカエルと同じく、狂うことのない天秤《てんびん》を用いて計量するらしい。「第七天の第七の館の護衛」でもある。

彼もまたメタトロンより上位に置かれ、そのメタトロンは『エノク書』で、彼が「火の川をその場で冷ます」と語っている。仲裁の隠喩《いんゆ》であろうか？　アズボガには服従するが、ソクェドホジには命令する。

ソクェドホジ・ヤーウェ

人の長所を測る聖なる剣

ソクェドホジ（soqedhozi）は、ソクェド・ホジ（soqedHozi）とも書かれる。また、ショクェド・コジ、スクド・フジとも表記・発音される。

第七天に住み、天の法廷に列席し、神の前で人々の長所を測ることで、聖なるバランス（神の調和）を保つ。

M・ガスターの『モーゼの剣』によれば、神の命令でモーゼの剣となった四人の天使のうちのひとりでもある。

ゼハンプリュには服従するが、ソテラシエルには命令する。

ソテラシエル・ヤーウェ

神に近寄るには彼の許可が必要

名は「神の火を燃やす者」の意。ソテル、ソテル・アシエルとも。グノーシス主義では、ソテルは神の別名。その影響を受けたカバラでは、ソフィア（76ページ）と結婚している。

『第三エノク書』では、「第七天の長」のひとりで、天の法廷に列席し、シェキナ（神の聖光）の前に出る資格を審査する。

彼もまた、約四万キロメートルもの長身をほこる偉大な存在である。

ソクェドホジには服従し、アナフィエルを従える。

ザクザキエル

イスラエルの記録係

ザグザゲルと名が似ていることから、ともすれば、彼の異名と思われがちだが、別の存在である。

その名は「長所（功績・善行）＝神」と訳される。これは、彼がユダヤ＝キリスト教の聖地たるイスラエルの功績を記録する役目を担うことと関係しているのだろう。

『第三エノク書』に列挙された「第七天の長」のひとりで、同書には、ガリスル＝ラジエル（40ページ）が、彼に敬意を表わしてひれ伏したとある。

しかし、アナフィエルには従う。

アリエル

無数の異説をもつ、風の妖精

名は「神の獅子《しし》」の意。魔術書には、ライオンの頭をもつ天使として描かれる。別名をアラエル、アリアエルとも。

ユダヤ教の神秘主義カバラでは力天使《りきてんし》だが、ミルトンの『失楽園』などでは堕天使。グノーシス主義では冥界《めいかい》の支配者で、ユダヤの伝承では、聖地エルサレムの別名。

今日ではもっぱらシェイクスピアの演劇『テンペスト』に登場する、風（空気）の妖精として有名である。

天使論に異説はつきものながら、これほど極端な例はめずらしい。

アルミサエル

難産のときに呼ばれる、助産師

ユダヤの伝承では、死産や流産は、魔女リリス（２０４ページ）などの、デーモンのしわざとされる。デーモンから、妊婦や胎児を守るのが、七十人いるといわれる「出産の天使」の面々だ（顔ぶれは文献によって異なる）。

なかでもアルミサエルは、「子宮の天使」という異名をもち、とくに難産の際、分娩を補佐するといわれる。ユダヤ教の聖典『タルムード』には、アルミサエルの助力を求める際は、妊婦の前で詩篇二十章を九回唱えるよう記されている。

サバト／ゼブル

第六天の監督者コンビ

「第六天の長」たるザキエル（ザドキエルの異名のひとつ）を補佐する、ふたりの天使。サバトが昼、ゼブルが夜を担当、交代で第六天を監督する。

「魔女の集会」を意味するサバトの名は、本来は「安息日」の意。ユダヤ教の文献では、栄光の座にある彼の前で歓喜しつつ踊るのは、魔女たちではなく、天使たちである。一方、ゼブルは「住居・神殿」の意。その名は第六天という階層そのものの名称でもあるが、なぜか、第三天、第四天を指す語とされることもある。

プット

本来は天使ではないが……

翼をはやした、裸の幼児の姿で描かれる天使たちの総称。おそらく、日本人の思い描く天使像に、もっとも近い存在だろう。

モデルはギリシア神話のエロス＝ローマ神話のクピド（キューピッド）。ルネッサンス以降、キリスト教の宗教画にもよく登場するようになった。

通常は二人一組で、聖人やイエスの周囲に配置される。エロスは愛欲の神だが、プットは無垢《むく》の象徴とされる。

別名ケルブズ（cherubs）。智天使《ちてんし》のケルビム（cherubim）とは別モノ。

ソフィア——悪魔を産んでしまった、嘆きの母

異端宗派の女アイオン——その彷徨と改悛

グノーシス主義（22ページ）において、もっとも重要視される女性アイオン。その名は、ギリシャ語で知恵を意味する。アイオンとは、「善なる霊性」の総称＝天使のこと。これと対立するのが、「悪なる霊性」たるアルコン＝悪魔である。

グノーシス主義の天使・悪魔論は、キリスト教のそれとは異質である。だが、じつはこのふたつの宗教が発展したのは、ほぼ同時期であり、相互に影響しあってもいる。キリスト教でおなじみのイエスやサマエルなどは、グノーシス主義の神話にも登場する。ソフィアもまた、キリスト教の正典たる聖書に名がある。とくに新約聖書では、意外にも、彼女はイエスと同一視されている。

が、ここではやはり、グノーシス主義の創世神話を中心として話を進めなければなるまい。そのなかのソフィアは、最高神の娘でありながら、軽い興味からわれわれの住むこの世界へ転落した身である。彼女はこの世界の天を創造し、多数のアイオンを産むが、息子のひとりであるサマ

至高の天から転落したソフィア。いつか父なる神のもとへもどることを希求する

エルが、無知ゆえに増長し、地をつくって神をきどる。

俗悪化する世界を目にしたソフィアは、息子を諌《いさ》めるが、アルコンの長と化したサマエルは、彼女を虐待する。

すべては己《おのれ》の思慮の浅さに端を発していると悟ったソフィアは、ここではじめて改悛《かいしゅん》し、父なる神に救いを求める。それに応じて神が遣わしたのが、かのイエスなのである。

この逸話には、地上界や物質界を否定的にとらえ、無知こそ悪の源とし、知を尊ぶグノーシス主義の特徴が、よく表われている。

異端の宗教と呼ばれるグノーシス主義だが、決して悪魔崇拝を奨励しているわけではないのである。

アブラクサス

宗派によって価値観が逆転する、ニワトリ頭の天使

元来は、エジプトの女神、イシスの眷属《けんぞく》だったらしい。エジプト神話の神には人身鳥頭が多いが、アブラクサスも雄鶏《おんどり》の頭と人の胴をもち、脚は蛇とされる。

西方世界において彼が天使とみなされるようになったのは、グノーシス主義がエジプト神話（とりわけイシスの神話）から、強い影響を受けたことによる。その名の綴《つづ》りを数秘学的に分解すると、合計が三百六十五になることから、彼は「三百六十五番目のアルコン」とされたが、一年の日数に等しいこの数字は、グノーシス主義の宇宙論では重要な意味をもつ。

宇宙を構成する多数の階層のうち、神にもっとも近い領域が、第三百六十五天とされるのだ。それを受けて、彼は「最後にして最高のアイオン」、「全天の支配者」、「三百六十五日の支配者」として、グノーシス主義者から崇められた。が、グノーシス主義を異端視するユダヤ＝キリスト教徒は、彼を堕天使として忌避した。キリスト教とグノーシス主義では、しばしば価値観が逆転するといわれるが、それを象徴する存在といえるだろう。

デュナミス

力の象徴たる男アイオン

ギリシァ語で「力」の意。ドゥナミスともいう。元来は超能力や魔力などを指す語。

新約聖書では、キリストや神の力、逆に悪魔の力ともされる。グノーシス主義では、そんな抽象的概念を人格化し、知の人格たる女アイオン、ソフィアと対をなす、男アイオンとした。

ソフィア同様、彼もまた高位の天使たちの生みの親だが、ソフィアほどには崇拝されない。それはやはり、グノーシス主義が知性をより重んじる宗派だからだろう。

ガマリエル

異教の天使とも仲よし?

カバラやグノーシス主義の文献で偉大とされるアイオンのひとり。

同属のアブラクサスはもちろん、キリスト教天使としておなじみのミカエルやガブリエルとも、共同で働くことがある。「神の報《むく》い」を意味する名のとおり、「神に選ばれしものを天へ引きあげる」使命を担うが、グノーシス天使の例にもれず、邪悪ともいわれる。

オカルティストのエリファス・レヴィは、彼を放蕩《ほうとう》のデーモン、リリスに仕える「智《ち》天使《てんし》の敵対者」とした。

サムロ

グノーシス三天使のナンバー3

グノーシス主義の文献に登場する偉大なアイオンのひとり。ルミナリエス（天体天使）ともいわれる。ルミナリエスとは、「天上の光」（太陽と月）を擬人化したグノーシス特有の肩書きで、「照らす者＝イエス」の味方を意味する。

『ナグ・ハマディ』文書のひとつ『エジプト人の福音書』では、サムロは「神の平和」とされる。

「神の記憶」たるガマリエル、「神の永遠の生命」たるアブラクサスと、つねに行動をともにするといわれる。

Another Episode 天使の武器・武具

大天使ミカエルは、剣や槍を手にした図像で表わされることも多いが、西方の天使像で、武器や持ち物が明確になっているものは少ない。この点、東方の天部像のほうは比較的明瞭だ。帝釈天は、金剛杵《こんごうしょ》を手にしているのがつねである。金剛杵には先端が一本の独鈷杵《とっこしょ》、先端が三叉になった三鈷杵《さんこしょ》などの種類があるが、これは本来密教の法具で、煩悩《ぼんのう》を打ち砕くとされる。

武具が豊富なのは哪吒《なた》だろう。『封神演義《ほうしんえんぎ》』では、仙術を極めたものの使う武器や技は宝貝《ぱおぺい》と呼ばれる。哪吒の宝貝として、天空を飛翔する車輪である風火輪《ふうかりん》、火を放つ槍の火尖槍《かせんそう》、手投げ武器の乾坤圏《けんこんけん》などが登場する。毘沙門天《びしゃもんてん》は、錫杖《しゃくじょう》のような戟《げき》か宝棒を手にしている。これは仏法を守る武人と、福徳をもたらすものという二面性をもつためだ。戟はおもに騎馬戦闘で使われる武器だが、毘沙門天の前身たる古代インドのクベーラの武器は、とくに戟と決まっていない。じつは、天部の持ち物はインドから唐、日本と伝来するうちに、各地の物が入りまじっているのだ。

ちなみに、日本の摩利支天《まりしてん》の持つ剣は、日本刀のような片刃の剣と決まっている。これは、武士のあいだで摩利支天崇拝が篤《あつ》かったためだという。

モロナイ

モルモン教徒を導いた、米国産の異色天使

新大陸発見前から、北米にもキリスト教天使がいた？

伝統的なキリスト教の天使とは、明らかに一線を画す存在。モロナイの名は、聖書時代の古い文献にはいっさい登場しない。彼がはじめて人の前に姿を現わしたのは、十九世紀初頭の新興国家、アメリカ合衆国においてなのである。

当時の米国は、「第二次大覚醒」と呼ばれる、宗教熱の高まりの渦中にあった。さまざまな宗派が競合するなか、ジョゼフ・スミスなる男の祈りに応え、その夢や幻視に現われたのが、このモロナイだったという。

モロナイはスミスに、自分はもと人間で、紀元前（つまりコロンブスの新大陸発見のはるか以前）に、エルサレムから北米大陸に渡った人々の子孫だと語った。

彼によれば、移住後、人々は黒い肌のレーマン人と白い肌のニーファイ人に分裂した。その後、両者のあいだで争いが起こり、獰猛《どうもう》なレーマン人が勝利し、レーマン人らはやがて先祖の歴史を忘れ、北米の先住民となったという。

モロナイが埋めた銘板は、ニューヨーク州で発掘され、モルモン教の聖典となった

敗れたニーファイ人のモルモンが、死の直前、この歴史を黄金の銘板に刻んで、息子のモロナイに託していた。モロナイはそれを土に埋めて隠し、死後、天使になったというのだ。

後日、その隠し場所から銘板を発見したスミスは、「ウリムとトンミム」という占い石を得て、銘板に書かれた文字を翻訳し、モルモン教（末日聖徒《まつじつせいと》イエス・キリスト教会）なる新宗派を確立した。が、当然それは、既成の宗派からの疑いと迫害を招いた。

後年、モルモン教団は未開拓の西部へ移住、砂漠の真ん中にソルトレイクシティを建設したが、それも迫害を避けてのことだった。彼らは今でも、スミスが銘板から翻訳した『モルモン書』を、聖書と並ぶ教本としている。

近代の戦場に降臨した、白衣の騎士団

モンスの天使

二十世紀最大の天使遭遇事件――敵も味方も彼らを見た！

科学が発達した近代以降も、天使に遭遇したという神秘体験の証言は、あとを絶たない。そのもっとも有名、かつ大規模な例が、このモンスの天使の逸話である。

発端は、一九一五年九月一四日、作家アーサー・マッケンが「イヴニング・ニュース」紙に発表した記事だった。そこには、前年の一九一四年、ベルギーのモンスで発生した怪事件が報告されていた。当時は第一次世界大戦の真っ只中《ただ》。モンスでも、イギリス＝フランス連合軍と、ドイツ軍のあいだで激戦が展開されていた。このとき、人数、装備とも圧倒的優勢にあったドイツ軍が、突如戦闘を中断、退却したのだ。

後日、前線から寄せられた報告が、その理由を明らかにした。それによれば、甲冑《かっちゅう》を身に着け、馬にまたがった何百、何千もの兵士（二十世紀という時代にあっては明らかに時代遅れな格好だ）が、両軍のあいだに割って入り、連合軍に味方して、ドイツ軍に弓矢を浴びせかけたため、ドイツ軍は恐怖して敗走したのだという。

戦場に降臨した白い軍団を前に、近代兵器で武装した兵士らは恐怖でパニックに

一、二名の証言なら、単なる幻覚とされるのだが、連合軍の兵士、従軍看護婦、捕虜となったドイツ軍兵士など、証言者は多く、しかも多岐にわたった。ドイツ軍の捕虜たちは、「あの騎馬隊の指揮官は何者か？」と、しきりに連合軍の兵士らに質問したという。

イギリス軍兵士らは、この謎の援軍の指揮官を、イングランドの守護聖人たる聖ジョージとし、フランス軍兵士らは聖ミカエル、もしくはジャンヌ・ダルクだと主張しているが、正体は今も不明。集団幻覚説、デマ説、映写機によるトリック説などもあるが、どれも納得のいく説明ではない。が、多くの証言は「輝く白い服を着ていた」という点で一致しており、彼らは「白衣の戦友」とも呼ばれている。

ハラリエル

日本沈没も予言した、お騒がせもの

一九三〇年代の米国で、霊能力者エドガー・ケイシー主催の集会に、一時期、ひんぱんに参加していたといわれる天使。いかにもユダヤ＝キリスト教の系統に属していそうな名前だが、じつはその名は、古い文献にはいっさい登場せず、語源も不明である。

ケイシーはみずからに催眠術をかけてトランス状態に置き、天使や霊的存在を呼ぶことができたという。その能力を用いて病気の治療などを行なううちに、多数の支持者を得て、霊能力の研究と啓蒙を目的とする団体を設立した。ハラリエルはその集会で、ケイシーの口を借り、「堕天使と戦うミカエルの側につく者」と称した。当初、研究会の人々は彼を歓迎したが、日本沈没を含む、大災害ばかりを予言する暗さがしだいに嫌われるようになり、ついに人々は、多数決で彼の拒絶を決定した。それを伝えると、以後、ハラリエルは集会にこなくなったという。すべてを単なるヤラセと呼ぶのはかんたんだが、ケイシー自身、かなり初期からハラリエルをうとんじていたという。本物の天使だとすれば、人望に乏しすぎるといえよう。

Another Episode

天使は何語を話す?

全能なるユダヤ＝キリスト教の神は、すべての言語を理解するとされる。が、その配下たる天使たちの公用語は、じつはヘブライ語。昔は、他言語による祈りは、無視されると考えられていた。それとは別に、天使たちがものを書く際に用いるものとして、「天使のアルファベット」なる秘密文字がある。かの『ラジエルの書』も、原本はこれで書かれていた。その原本は、現在所在不明だが、写本（とされるもの）は残っている。天使や精霊を召喚する際、護符や魔方陣に使われる文字は、たいていそれを手本としている。この秘密文字には、楔形《くさびがた》文字に似たもの、初期ヘブライ語やサマリア語に似たものなどの数種があり、円や曲線からなる形状から、「目文字」とも呼ばれる。

ミカエルやメタトロンら高位の天使たちは、自分専用の文字をもつとの説もある。

天使のアルファベット

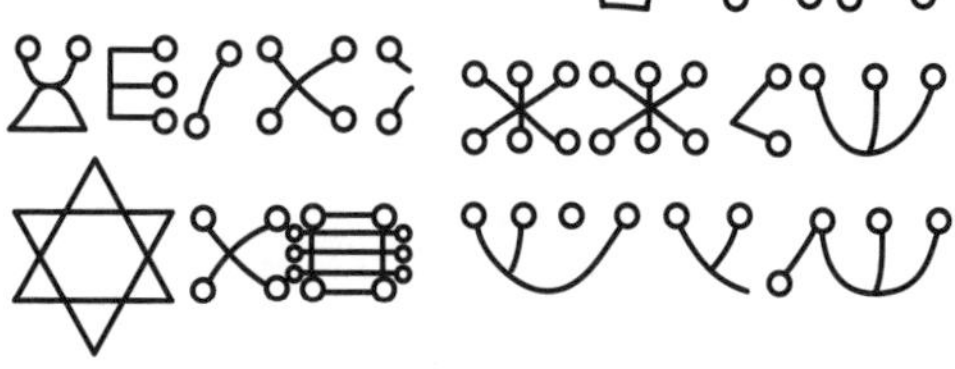

Part2

東方世界の天使

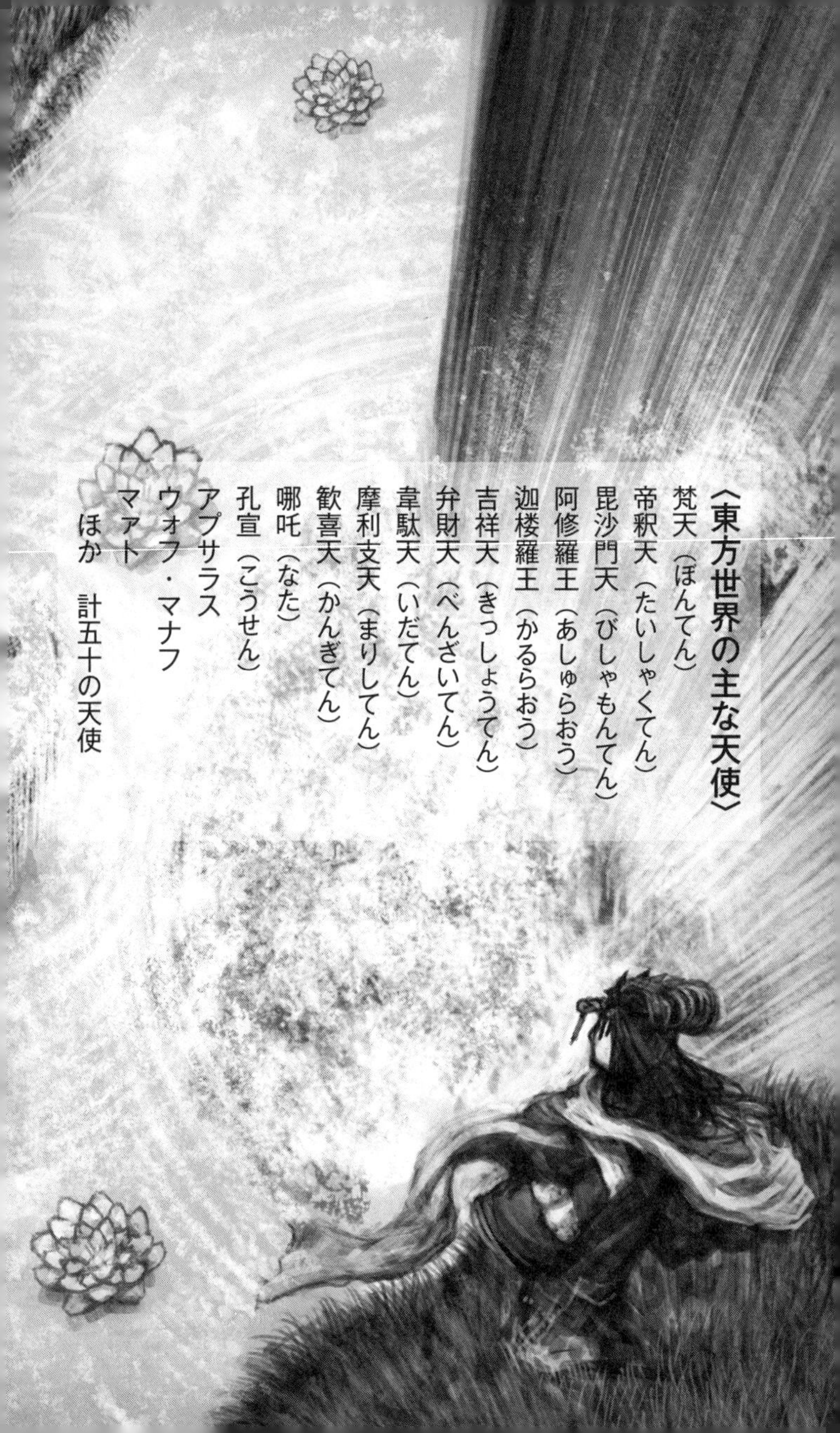

〈東方世界の主な天使〉

梵天（ぼんてん）
帝釈天（たいしゃくてん）
毘沙門天（びしゃもんてん）
阿修羅王（あしゅらおう）
迦楼羅王（かるらおう）
吉祥天（きっしょうてん）
弁財天（べんざいてん）
韋駄天（いだてん）
摩利支天（まりしてん）
歓喜天（かんぎてん）
哪吒（なた）
孔宣（こうせん）
アプサラス
ウォフ・マナフ
マアト
ほか　計五十の天使

東方の諸宗教で発展した神仏の使徒と守護者たち

神の使徒・守護者は、ユダヤ＝キリスト教世界のみの存在ではない。東西ともその起源は、古代インド～ペルシャ、西アジアへと行きつく。

仏の使徒として働く、仏教世界の天部衆

一般には、天使とはユダヤ＝キリスト教世界特有のものと考えられている。しかしそれらは、さかのぼってゆくと、西アジア地域の、より古代の神話に登場する精霊などが、ユダヤ＝キリスト教にとりいれられて発展したものであった。

本書では東洋、とくに仏教でいえば天部衆が、同様の構造で、「東方世界の天使」に相当するという解釈をとった。

仏教では、天部のほかに如来《にょらい》、菩薩《ぼさつ》、明王《みょうおう》といった尊格がある。

かんたんにいえば、如来とは仏陀《ブッダ》自身をはじめ、悟りを得た人、菩薩とはその前段階にあるもの、明王とは如来が何らかの目的のため化身して現われた姿とされ、いわば仏そのものといえる。これに対し、天部は、仏そのものではなく、仏に仕える使徒といえる。

天部衆の大部分は、古代インド神話の神々が、仏教のキャラクターとして形を変えてとりいれられたものである。古代インドにおいて、天部を総称する「デーヴァ」は、自然界の精霊全般を指すものだった。西方世界の天使も、そのイメージの原形をさかのぼると、一部は古代のペルシャ、さらにはインドの精霊のイメージに行きつく。このことを考えあわせると、天部衆を仏教世界の天使とあてはめて考えるのは、解釈として十分に妥当だろう。

天部の分類方法には、四天王、八部衆などのほか、二十八部衆という総称分類もあるが、本書では、代表的な天部を、天、地、日、月、東、西、南、北、東北、東南、西北、西南、の十二の方位にあてはめ、「十二天」とする分類方法を採用した。

このほか本書では、仏教と道教の混交した中華文化圏特有のキャラクターとして、哪吒《なた》と孔宣《こうせん》が、天使と呼びうる存在ではないかと解釈している。

キリスト教と隣りあわせのイスラム圏の天使たち

イスラム教は、ユダヤ＝キリスト教の経典の世界観を継承し、七世紀前半に発生した。このため、キリスト教と共通する天使も多い。その起源をたどると、西アジア、アラビア地域の土着のジン（精霊）が、形を変えてとりいれられたものも少なくない。

イスラム教では、神《アッラー》、天使、預言者（ムハンマドら）、啓典（「コーラン」と諸経典）、そして復活の日、の五つが信仰の対象となり、天使（マラーイカ）は、この二番目に位置する。ただし、天使を独立して礼拝することは禁じられている。

また、悪魔編のイブリースのエピソード（252ページ）でもふれているが、イスラム教の世界では、天使はふつうの人間よりは偉いが、神が最初につくった預言者（つまり、モーゼ、キリスト、ムハンマドの先輩）アーダムには劣る存在とされている。

九世紀ごろに発生したイスラム教神秘主義のもとでは、天使論が発展した。医学者、哲学者として西洋でも有名なイブン・スィーナ（アヴィケンナ）らがこれを整理した。

一般にイスラム教では、天使の体は光でできており、性別はなく、天界は七階層からなるといわれる。

仏教の代表的な天部

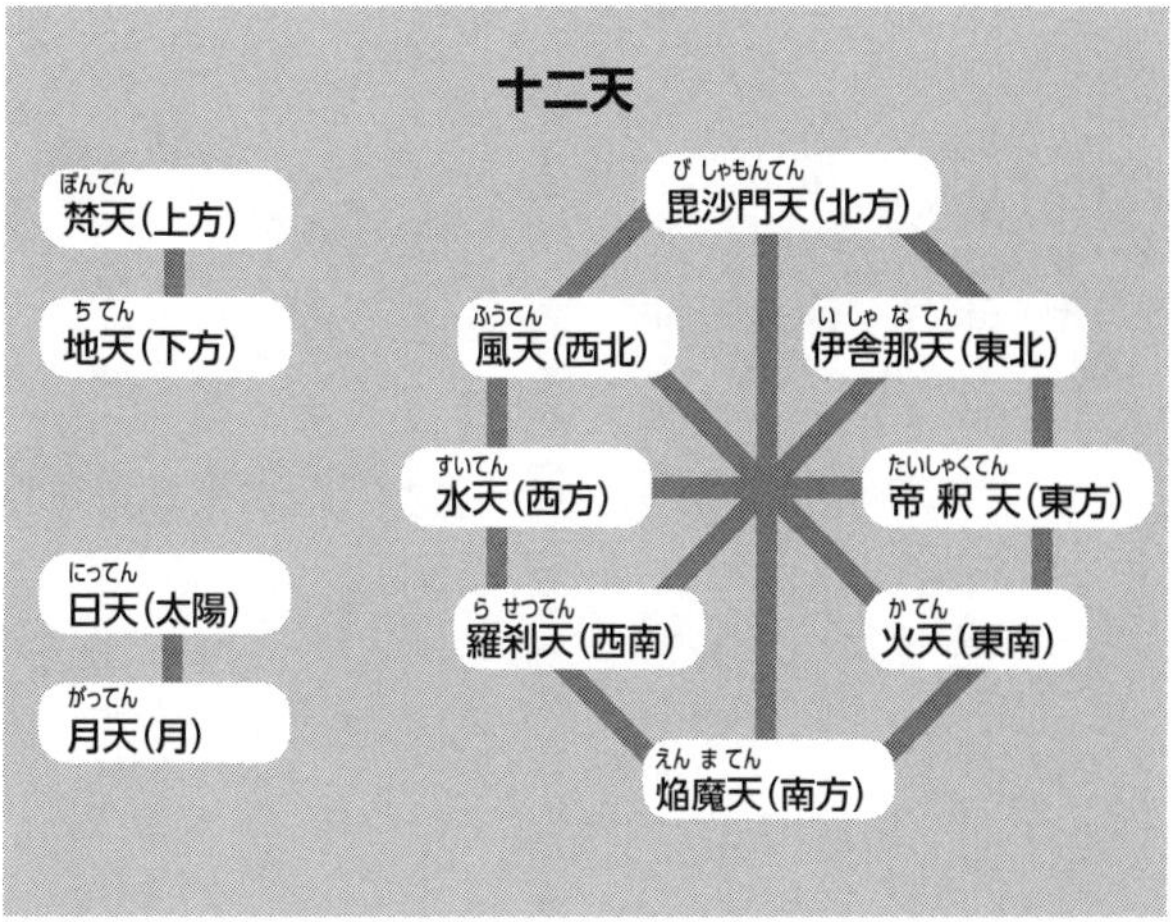
十二天
梵天《ぼんてん》(上方)
地天《ちてん》(下方)
日天《にってん》(太陽)
月天《がってん》(月)
毘沙門天《びしゃもんてん》(北方)
風天《ふうてん》(西北)
伊舎那天《いしゃなてん》(東北)
水天《すいてん》(西方)
帝釈天《たいしゃくてん》(東方)
羅刹天《らせつてん》(西南)
火天《かてん》(東南)
焔魔天《えんまてん》(南方)

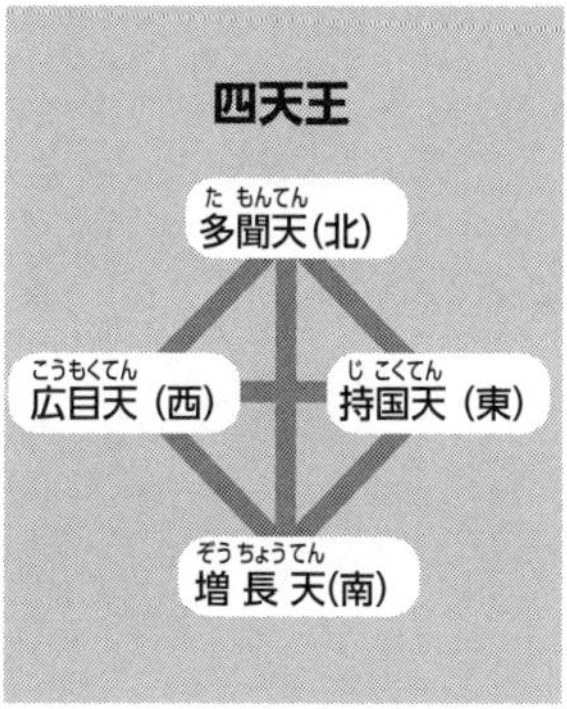
四天王
多聞天《たもんてん》(北)
広目天《こうもくてん》(西)
持国天《じこくてん》(東)
増長天《ぞうちょうてん》(南)

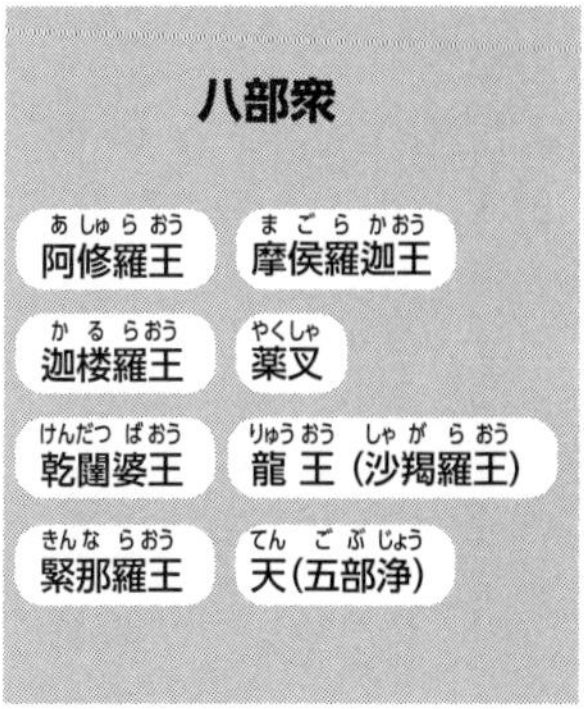
八部衆
阿修羅王《あしゅらおう》
摩侯羅迦王《まごらかおう》
迦楼羅王《かるらおう》
薬叉《やくしゃ》
乾闥婆王《けんだつばおう》
龍王《りゅうおう》(沙羯羅王《しゃがらおう》)
緊那羅王《きんならおう》
天《てん》(五部浄《ごぶじょう》)

イスラム教は、公式には偶像崇拝を禁止しているため、天使の図像は極めて少ない。その数少ない天使の図像のおもしろい点は、緑や紅など、さまざまな色の重なった翼をもつことだ。

じつは、こうしたカラフルな翼をもつ飛天、有翼精霊の図像は、古代のペルシャからインド地域でも見られたものだった。どうやら「天使の羽は白い」というのは、ギリシァ美術をもとにした後代のキリスト教文化圏の美術で独自に発展した解釈のようだ。

古代西アジア～北アフリカに見られる天使の原形

ユダヤ教よりさらに前の西アジアの宗教といえば、紀元前七～六世紀にペルシャで成立した、ゾロアスター教である。

ゾロアスター教は、善神オルマズト（アフラ・マズダ）と悪神アーリマンを頂点とする二元論世界観を有する。天使たち（アメシャ・スペンタ、「聖なる不死者」と呼ばれるオルマズトの分身）は、オルマズトの使徒にして、人間とオルマズトの媒介者という位置にある。

これは、のちのユダヤ教、キリスト教、イスラム教という三大経典宗教における、天使の位置づけの原形になったといってよいだろう。

このほか、西アジア地域の古代神話には、天使のイメージの原形になったと解釈できる精霊や女神が多数いる。本書では、その代表格として、古代エジプト神話の女神マァトをとりあげた。

梵天

仏教の信仰拡大に貢献したインド神

仏を守護する天部のなかでも、その筆頭とされるのが梵天《ぼんてん》である。十二天のひとりとして数えられるときは、十二の方位のなかでもまさに天、すなわち上方を象徴する。その外見は、日本に仏教が伝来した飛鳥時代から中世ごろまでの図像では、一面二臂《いちめんにひ》の姿で、同じ天部の帝釈天《たいしゃくてん》と一対で表わされることが多い。帝釈天とほとんど見わけがつかないものも多かったが、密教が普及して以降は、ガチョウに支えられたレンゲの花の上に座した四面四臂《しめんしひ》の姿が広まった。

生命の源であり、万物の創造神

梵天はもともと、古代インドでブラフマーと呼ばれた神である。ブラフマーは、古代インド神話の世界観における「生命の源」、「真理」を意味するブラフマンを人格神としたものである。仏教においても「梵」とは、欲を離れた清浄の境地とされ、それを象徴する天部が梵天ということになっている。

ブラフマーは、万物の創造神であり、古代インドでは、このブラフマーが生み出したものを維

持するヴィシュヌ神、破壊の神シヴァとともに、最高神の地位にあった。そこから仏教説話においても、梵天はいっさいの衆生《しゅじょう》の父とされている。

ブラフマーは、もとは五つの顔をもっていたが、そのうちのひとつを、対立するシヴァ神に切り取られたとも伝えられる。だから、四面四臂の梵天像は、むしろ本来のブラフマーの姿に立ち返った図像だといえるだろう。古代インドでは、ブラフマーはもっぱら、インドのカースト制度で最高位にある僧侶階級（バラモン）に奉《たてまつ》られた神だった。これに対し、帝釈天のもとになったインドラは、武士階級（クシャトリア）に奉られる神だった。

ただし両者は、決して対立するものではなく、むしろ補完的な位置にあるともいえる。それゆえ、のちに両者が仏教にとりいれられて以降は、梵天と帝釈天を並べて崇めるようになったともいう。しかし、ブラフマーは少々、偉すぎておそれ多い存在だったためか、庶民のあいだに信仰が広がらず、残念ながら現在のインドでもあまり信仰されていない。この傾向は、彼が梵天として仏教にとりいれられて以降もひきつがれた。日本に仏教が入ってきた当時、梵天は国家の守護者として貴族、支配階級に奉られた。このためか、のちもいまひとつ梵天信仰は庶民には広がらず、もっぱら庶民のあいだでは帝釈天のほうが信仰されるようになっている。

仏陀の悟りを万人に広めさせた！

真理であり、すべての生命の源である梵は、この世に遍在すると考えられているが、梵天は、それが人格神となって人間の側に降りてきた姿ともいえる。仏教説話では、仏陀《ブッダ》が苦難の末に悟りを開いたとき、その悟りの境地をひとり占めしたくて、すぐに世に広めようとはしなかったが、そこに現われた梵天が、仏陀を励まして説法を広めるように勧めたという解釈もある。梵天がいなければ、仏陀の教えは世界に広まらなかったとすれば、たしかに梵天はもっとも重要な天部だといえるだろう。この逸話は、イスラム教で、ムハンマドが大天使ジブリールから、アッラーの啓示を世に広めるようといわれた逸話とどこか似ていなくもない。

仏教の世界観では、天上の世界はさらに、悟りの深さによって二十七天に分けられ、二十七天はさらに地上に近い場所から欲界、色界、無色界の三段階に分かれ、梵天がいるのは色界の下層とされる。しかし下層とはいえ、帝釈天をはじめとするほかの天部や、閻魔《えんま》大王と同一視される焔魔《えんま》天、また、末法の世にすべての衆生を救うとされる弥勒菩薩《みろくぼさつ》のいる場所より高いとされている。仏教の世界観はとほうもなく広いが、そのなかでも、梵天がかなりの地位にあることがうかがえるだろう。

帝釈天

生まれの地インド以来、庶民に愛された乱暴者

天部のなかでも、梵天《ぼんてん》以上に広く崇拝されているといえるのが帝釈天《たいしゃくてん》だ。十二天のなかのひとりとして数えられる場合は、東方を象徴するとされている。その外見は、梵天と一対でほぼ同様の姿で描かれることもあるが、梵天が創造主とされるのに対し、帝釈天は武者という性格ももつため、白い象にまたがって独鈷杵《とっこしょ》または、三鈷杵《さんこしょ》を手にした武人の姿で表わされることも多い。頭は、兜《かぶと》をかぶっているか、丸くまげを結っているのが一般的だ。

梵天と並ぶ天部の筆頭格

帝釈天は、もとは古代インド神話の雷神インドラである。勇猛果敢な武神として恐れられていたが、武神でありながら、雷と雨を操ることから、人々に作物の恵みをもたらす神としても敬《うやま》われ、慕《した》われるようになっていった。そんなインドラこと帝釈天は、仏陀《ブッダ》が悟りを開いたとき、その側にずっとつき従い、以後もその説法の場には必ず同席していたといわれる。

インドラはかつて、神々の軍勢を率いて鬼神アスラ（阿修羅《あしゅら》）の一族と戦いをくり返していた。

この図式は、両者がともに仏教説話のキャラクターになってからもひきつがれている。アスラの王は、仏に帰依《きえ》した帝釈天に敗れて折伏《しゃくぶく》され、配下の阿修羅王になったという。

帝釈天は、仏教の世界観では世界の中心に位置する須弥山《しゅみせん》の頂上にある喜見城《きけんじょう》に座して、東西南北の四方を守護する四天王や、阿修羅王ほかの八部衆を従えている。

ちなみに、十二支と十干の組み合わせによる東洋古来の暦法で、六十日に一度の庚申《かのえさる》の日は、日本では、帝釈天の縁日とされている。

その由来は道教の民間信仰からであり、この日は体内に住む「三尸《さんし》」の虫が、眠っているあいだに天帝に自分の悪事を告げてしまうとされていた。これを避ける目的で、庚申の日は眠らずにお祭りをする習慣が生まれ、のちに帝釈天が天帝と同一視されるようになったため、庚申の日が帝釈天の縁日となったのである。

天部最強の武人は、もと不良？

さて、勇猛果敢な暴れん坊だったインドラは、好色で酒好きでもあった。しかしそんな彼は、古代インドの叙事詩『リグ・ヴェーダ』に記された神のなかでも、もっとも庶民に人気のある神だったともいわれる。

インドラにまつわる逸話としては、悪鬼ヴリトラが雨を降らせる「雲の牛」を奪ったせいで、地上が干ばつに見舞われたので、神酒ソーマを飲んで景気づけをしてヴリトラを成敗した話がとくに有名だ。ほかにも、貴人の妻を寝取ったりするなど、蛮勇のエピソードにはこと欠かない。こうした性格は、彼が仏法に帰依して帝釈天と呼ばれるようになって以降も、ひきつがれた。

先に、梵天がいるのは二十七天のなかでも色界の下層だと述べたが、帝釈天のいる場所である欲界忉利天《よっかいとうりてん》は、もっと地上に近く、下から二番目の位置に当たる。帝釈天は、まだまだ俗世の欲が残った天部でいらっしゃるというわけだ。

こう述べると偉くなさそうだが、むしろ、いささか偉すぎて敬遠されている梵天ことブラフマーに対し、帝釈天は広く庶民に愛されてきたともいえる。日本での帝釈天信仰の名所といえば、東京・柴又《しばまた》の経栄山題経寺《きょうえいざんだいきょうじ》だろう。ご存知、映画『男はつらいよ』シリーズのフーテンの寅さんが産湯に浸かった寺である。テキヤの寅さんはまさに浮浪の民、渡世人だった。梵天やほかの仏ではおそれ多いが、帝釈天なら親しみがもてる、という思いだったとしてもおかしくない。

東洋では孔子の高弟で、もと侠客《きょうきゃく》の子路、「三国志」の豪傑・張飛《ちょうひ》、「西遊記」の孫悟空、牛若丸に敗れた弁慶坊など、もと暴れん坊が改悛《かいしゅん》して聖者や貴人の家来になったというキャラクターが愛されているが、帝釈天は、まさにその典型だったのかもしれない。

毘沙門天——多くの役職を兼務する、武人天部の代表格

上杉謙信の旗印にもなった、鰐の神

毘沙門天《びしゃもんてん》は、もっとも多くの役職についている天部かもしれない。彼は東西南北の四方位を守護する四天王のひとり、多聞天《たもんてん》と同一人物で、四天王とは別に十二天のひとりにも数えられ、日本では七福神のひとりということにもなっているからだ。

そんな毘沙門天には、武者としての性格と、福徳の守護者としての性格があり、けわしい表情の武人の像で描かれることが多いが、武器を手にせず、恰幅《かっぷく》のよい男性の姿で描かれることもある。また、片手に戟《げき》（矛《ほこ》）などの武器を持ち、片手の掌《てのひら》の上には小さな仏塔をのせた姿で表わされることも多い。

毘沙門天こと多聞天は、四天王や十二天としても、北方を守護するとされる。

これは、毘沙門天の前身たるインド神話のクベーラ（クンビーラ）神が、インド北部のヒマラヤで信仰されていたことに由来する。このクベーラ神は、数多くの夜叉《やしゃ》を配下に従えていたといわれるが、もとは、ガンジス河の鰐《わに》の神様だった。

戟と宝塔を手にした毘沙門天。帝釈天の部下のなかでも強力な武人である

日本では上杉謙信が毘沙門天を旗印にしていたことで有名だが、なるほど鰐の化身とは強そうだ。暖かい地方の生き物と思われる鰐が北方の山岳地帯の守護者というのも不思議だが、クベーラはブラフマー（梵天《ぼんてん》）にその地を守るよう命じられたといわれ、仏教説話でもその役割がひきつがれた。

また、日本では、毘沙門天は、地域によっては、航海の守護者の金毘羅《こんぴら》とも同一視される。金毘羅はクンビーラという本来の音と、鰐の化身という性格をひきついでいる。

そんな毘沙門天は、同時に財産や富の守護者ともみなされるようになった。これは、仏教の世界観で彼が守る須弥山《しゅみせん》北方の門の蔵に、たくさんの財宝があるといわれるためである。

焔魔天

もとは天上にいた、死者の裁判官、エンマ様

十二天のひとりで南方を象徴する焔魔天《えんまてん》は、夜摩天《やまてん》とも呼ばれるが、死後の世界、すなわち地獄の支配者としてよく知られる閻魔王《えんまおう》とも同一視されている。閻魔王といえば、四角い帽子をかぶった宋代の裁判官の衣装で、人頭杖《じんとうじょう》を手にしているという姿がおなじみで、顔の表情もけわしく表わされるのが一般的だ。しかし、十二天のひとりである焔魔天として描かれる場合は、やはり人頭のついた杖を手にしているものの、表情は柔和で、帽子はかぶらず、ほかの天部と同様に丸くまげを結った頭をさらし、場合によっては、水牛にまたがった姿で表わされる。

焔魔天こと夜摩の前身であった古代インドでのヤマの本来の居場所は天上で、仏教の天部となって以降も、その性格はひきつがれ、夜摩天は二十七天のなかで、帝釈天のいる忉利天《とうりてん》のすぐ上の階層にいるとされていた。

日本でよく知られる閻魔王の姿は、仏教が中華文化圏に入ったのちに、死者の裁判官という夜摩天の役割と、道教などの民間信仰の世界観が入りまじってできた姿だといわれる。

伊舎那天

もとは荒くれもの!? 怒るとコワーイ大黒様

十二天のひとりで、北東を象徴する伊舎那天《いしゃなてん》は、大自在天《だいじざいてん》の憤怒の姿であるとされる。大自在天とは、古代インド神話におけるブラフマー（梵天《ぼんてん》）やヴィシュヌとともに最高神の地位にあった、破壊神シヴァだ。ほかの天部である羅刹天《らせつてん》や阿修羅王《あしゅらおう》らも、もとは恐ろしい鬼神だったというが、シヴァ神はそのきわめつけで、なかなか仏法に帰依《きえ》しなかったとされている。

シヴァ神は四面四臂《しめんしひ》で青黒い肌をしていたが、伊舎那天は、額に第三の目をもち、憤怒の形相で、肌は青黒く、首には骸骨《がいこつ》の首飾りを下げた恐ろしげな姿で表わされ、ときには水牛にまたがっていることもある。シヴァ神が仏教にとりいれられて形を変えたもうひとつの姿は、日本では七福神のひとりとしても知られる大黒天だ。これも、シヴァ神の姿をひきつぐかのように、黒い肌と、四面四臂（六臂《ろっぴ》以上に描かれることもある）の姿をしている。もとは荒れ狂う破壊神だったシヴァは、大自在天（大黒天）となって以降は、温厚な福の神となった。その福の神が、仏敵をこらしめるときの姿が伊舎那天なのだ。

羅刹天

西南を守護する女鬼神

羅刹《らせつ》は、阿修羅《あしゅら》や夜叉《やしゃ》と同様、古来から人々に災厄をなす鬼神の一種とされ、とくに人肉を喰らう魔物と伝えられてきた。それが仏法に帰依《きえ》したものが羅刹天である。

羅刹は古代インドではラークシャサ、あるいはニルリティと呼ばれる。一説によれば、女神であるともされた。このためか、鬼子母神《きしもじん》の眷族《けんぞく》にも、彼女の娘とされる十羅刹女《じゅうらせつじょ》がいる。

十二天のなかでの羅刹天は西南を象徴し、白い獅子《しし》にまたがった武将の姿で表わされることが多い。

日天

光輝く太陽の化身

十二天のひとりで、太陽を象徴するのが日天《にってん》だ。その前身は、古代インドの太陽神スーリヤで、太陽神というだけあり、帝《たい》釈天《しゃくてん》ことインドラと並ぶ実力者だったという。仏教にとりいれられて以降の日天は、大日如来《だいにちにょらい》の徳を輝かすことを誓願し、福運を招来するほか、創造力を司どるとされている。

その外見は、スーリヤのイメージをひきつぎ、八頭立て（七頭立てと伝えられる場合もある）の戦闘馬車を駆《か》り、日輪を手にした図像で表わされる。

月天

闇夜に輝く月の化身

十二天のひとりで、月を象徴するのが月《がっ》天《てん》であり、日天《にってん》とは対になる存在である。月天の前身は、古代インドのチャンドラであった。一説によればチャンドラはアスラ（阿修羅《あしゅら》）の一種であったともされる。

仏教にとりいれられて以降は、夜のイメージにふさわしく、煩悩《ぼんのう》を去らしめて静寂の心をもたらすとされる。

その外見は、日天と対称をなすように、月輪を手にして、七羽の鵞鳥《がちょう》に引かれた車にのった図像で表わされる。

風天

煩悩を吹き飛ばす風の化身

十二天のひとりで、北西を象徴するのが風天《ふうてん》だ。その前身は古代インド神話のヴァーユで、やはり風の神である。

風天は独鈷杵《とっこしょ》のような穂先をした槍を手に持つ武人の姿で表わされ、いかにも風の天部らしく、衣服がはためいている図像もある。風天ののり物は雲中の鹿とされるが、馬などほかの動物の場合もある。

風天は日本では、長命、子孫繁栄などをもたらす天部として親しまれているが、仏教説話のなかでは、その風威で煩悩《ぼんのう》を吹き飛ばすとされている。

水天

西方を守護する水龍の化身

十二天のひとりで、西方を守護するのが水天《すいてん》だ。彼は古代インドではヴァルナと呼ばれ、水龍、あるいは夜を象徴するアスラとされていた。

仏教にとりいれられて以降は、前身が龍やアスラだったといわれるわりには、たおやかな表情で描かれる。

亀の背にのり、龍の形をした索《さく》（縄）を手にしている姿が一般的だ。

彼の配下である眷族《けんぞく》には、多くの水龍のほか、やはり水にちなんだ天部である弁財《べんざい》天《てん》も含まれているという。

地天

下方を守護する大地の女神

十二天のひとりで、下方を象徴するのが地天《ちてん》である。十二天のなかでは上方を象徴する梵天《ぼんてん》と対の位置にあり、それだけに重要な存在となっている。地天は、別名を堅《けん》牢地神《ろうじしん》、または持地菩薩《じじぼさつ》といい、その前身は、古代インドで群生養育、土地繁盛などを象徴する大地の女神プリディヴィーだった。仏教にとりいれられて以降は、仏陀《ブッダ》の悟りへの到達、つまり成道《じょうどう》を証明する役割を与えられたとされている。

女天だが、密教では男の姿、あるいは男女一対の図像で描かれることもある。

火天

煩悩を焼きつくす、火の神の化身

十二天のひとりで、東南を守護するのが火天《かてん》だ。その前身は、古代インドでの火の神アグニだといわれる。

火天は、煩悩《ぼんのう》を焼きつくす天部とも呼ばれ、背後には後光ならぬ火炎を背負っているとされる。そのイメージは、いかにも戦闘的である。しかし、マンダラなどに描かれるその外見は老仙人のようで、長いひげをたくわえ、青い羊にまたがっているというから、意外な印象がなくもない。

また、一面二臂《いちめんにひ》で表わされることが多いが、一面四臂《しひ》とされることもある。

阿修羅王

仏法に帰依した鬼神たちの王

獰猛な修羅道の鬼神から、仏法の守護者へ

阿修羅王《あしゅらおう》は、天部のなかの仏を守護する「八部衆」のひとりである。仏法の世界は、天道《てんどう》、人間道《にんげんどう》、畜生道《ちくしょうどう》、餓鬼道《がきどう》、地獄道《じごくどう》、修羅道《しゅらどう》の六道にわけられ、阿修羅王は、無限に続く戦いの世界、修羅道の主であるとされる。

その外観は、日本では、三面六臂《さんめんろっぴ》の姿をした像（京都・蓮華王院《れんげおういん》三十三間堂所蔵）で有名だが、これは仏法に帰依《きえ》して以降の姿であるとされている。ほかにも、一面六臂《いちめんろっぴ》、三面八臂《さんめんはっぴ》の姿で描かれることもある。その左手には水晶か太陽を、右手には月か鉤《かぎ》を掲げていたり、剣などの武器を持っていたりと、複数の解釈がある。

阿修羅には多くの種族が存在するが、じつは、阿修羅の王もひとりではない。

仏教の世界観において、世界の中心にあるという須弥山《しゅみせん》の東西南北の四面の海中には、それぞれ、毘摩質多羅《びましったら》阿修羅王、踊躍《ゆやく》阿修羅王、奢婆羅《しゃばら》阿修羅王、羅喉羅《らごら》阿修羅王の、四人の阿修羅王がいるとされている。

インドから中央アジアでは鬼神風の阿修羅王だが、日本では少年像が有名

阿修羅は、もともと古代インド神話に登場するアスラが仏教世界にとりいれられたものだった。さらにさかのぼれば、古代ペルシャのゾロアスター教での最高神アフラ・マズダこそアスラの原型とされる。

インド神話でのアスラは獰猛《どうもう》な鬼神の一族だが、当初は必ずしも邪悪な存在とされていなかった。それが次第に善神であるデーヴァの一族と対立する闘神のイメージに変化する。

そんなアスラは、帝釈天《たいしゃくてん》と戦って敗れ、のちに仏法に帰依して、その使徒となったとされている。

阿修羅は、堕天使とは逆に、一度悪役にされた善神が仏によって復権した存在といえるのかもしれない。

迦楼羅王——かつて神ののり物だった、金色に輝く鳥

犬猿ならぬ「鳥蛇」の仲、宿敵とともに八部衆

八部衆のなかでも、阿修羅王《あしゅらおう》に次いで、その外見がよく知られているのが迦楼羅王《かるらおう》だろう。人間の体に鳥の頭部と翼をもつ彼は（上半身は人間で下半身は鳥と描かれることもある）、日本の「天狗《てんぐ》」のイメージの原型になっているといわれる。

また、金色に輝く鳥として描かれることもあり、そのため金翅鳥《こんじちょう》とも呼ばれる。

迦楼羅は、インド神話のガルーダが仏教のキャラクターにとりいれられたものだ。

ガルーダはもともと、インド神話のなかでもシヴァ神と並ぶ実力者ヴィシュヌ神ののり物であったという。そして、ガルーダは蛇龍《ナーガ》と争い、これを喰らうといわれる。その由来には諸説あるが、おおむね、以下のような話が伝わっている。

ガルーダの母であるヴィナターは、蛇龍たちの母であるカドゥルーと争って敗れたためにとらわれた。ガルーダが蛇龍たちに母を返すようにいうと、蛇龍は、インドラ神（帝釈天《たいしゃくてん》）の持つアムリタ（甘露《かんろ》）を奪ってくるよう命じた。

天部のなかでも西洋の天使と同様に、背中に翼をもつ数少ない例が迦楼羅王

ガルーダは神々と争ってアムリタを奪ったが、ヴィシュヌ神にはかなわなかった。しかし、ガルーダの力と勇気を認めたヴィシュヌ神は、自分の部下になれば永遠の命を授けると約束し、ガルーダはこれに従ったのである。

その後、ガルーダはインドラ神に許され、母をとりもどして蛇龍たちを襲って喰らいつくようになったという。そんな逸話から転じて、蛇龍の宿敵である迦楼羅は、毒蛇がもたらすようなあらゆる毒や、風雨から人々を加護するとみなされるようになっている。

しかし、仏教上の八部衆のなかには、かつての迦楼羅の宿敵であった蛇龍（魔侯羅迦王《まごらかおう》がその化身とされる）も含まれている。仏法に帰依《きえ》したことで、かつての敵とも和解できたようだ。

龍王

雨を降らせる水神となった、龍の王

龍王《りゅうおう》は、八部衆のなかで、文字どおり龍の姿をした人格神だ。同じ八部衆の大蛇の化身である摩睺羅迦王《まごらかおう》と混同されることもあり、蛇龍《ナーガ》が巻きついたかのように見える兜《かぶと》をかぶった、武人の図像で表わされる。

古代インド神話には、数多くの蛇龍が登場する。阿修羅《あしゅら》や薬叉《やくしゃ》と同様、畏敬されながらも災厄をなす鬼神とされたものが、仏法に帰依《きえ》してその守護者になったとみなされている。

『法華経《ほけきょう》』には、仏陀《ブッダ》の説法を聞いた龍王として、難陀《なんだ》龍王、跋難陀《ばつなんだ》龍王、娑伽羅《しゃがら》龍王、和修《わしゅ》吉《きつ》龍王、徳叉迦《とくしゃか》龍王、摩那斯《まなし》龍王、阿那婆達多《あなばだった》龍王、優鉢羅《うはつら》龍王の「八大龍王」の名が記されている。

世界各地の文化圏で、龍（ドラゴン）は、災厄をもたらす魔物として恐れられる一方、王権の象徴とされたり、巨大な力の持ち主として畏敬されてきた。

とくに日本において龍王は、よく雨を降らせる水神と同一視されている。

乾闥婆王

八部衆の穏健派？　かぶりもの女天部

八部衆のなかでは、龍王も阿修羅《あしゅら》も薬叉《やくしゃ》も、仏法に帰依《きえ》する前は恐ろしい鬼神であったとされる。だが、乾闥婆《けんだつば》は、比較的穏健な存在だったといえそうだ。彼は、酒も肉も口にせず、香を喰らうとされ、このため尋香行《じんこうぎょう》とも呼ばれる。乾闥婆の前身であるガンダルヴァは、古代インドで帝釈天《たいしゃくてん》ことインドラに仕えていた。ガンダルヴァは、インドラの楽士（音楽家）で、神酒ソーマを守る。また、医術に通じ、女人に子宝を授ける安産の守護者とされ、この性格は仏教の天部となって以降もひきつがれた。こう述べると、阿修羅王のような戦闘的なイメージはあまり感じられないが、かつては蛇龍《ナーガ》と争ったともいわれている。乾闥婆の図像は、獅子《しし》の頭の形をした兜《かぶと》（冠）をかぶっているが、じつは、これはガンダルヴァにはない特徴だった。

古代インドでのガンダルヴァは優雅な飛天で、同じく女性の飛天アプサラスとともに表わされることが多かったという。しかし、そんなガンダルヴァも、八部衆に数えられて以降、いつしか強そうなイメージが付与され、獅子のかぶりものを身につけるようになったようだ。

薬叉

人とも獣ともつかぬ、有象無象の鬼神たち

八部衆のひとりに数えられる薬叉《やくしゃ》は、もともと古代インドで阿修羅《あしゅら》と同様に、悪鬼の類とされた夜叉《やしゃ》である。夜叉は、古代インドの民間信仰のあいだでは、災厄をもたらすともいわれる一方、安産や病気の治癒をもたらす夜叉もいるとされ、そこから、仏教に帰依《きえ》した天部としてあつかう場合は、夜叉ではなく薬叉と記す表現が広まったようだ。

夜叉にはさまざまな種類があり、定まった姿はない。仏法に帰依して以降の薬叉は、いかにも幸福を授けてくれるものらしく、太鼓腹《たいこばら》の人物像で表わされることもある。しかし、憤怒の形相をした鬼神の姿で表現される場合もあれば、怪物めいた半獣半人の図像で表わされることもある。

半獣半人型の薬叉の代表格ともされるのが鳩槃茶《くばんだ》だ。これは、四天王のひとり、増長天《ぞうちょうてん》の眷《けん》族《ぞく》の楽士とされ、人間の体に馬の頭をもつ楽神だ。馬は性的イメージの強い獣だが、俗に鳩槃茶はとても大きな睾丸《こうがん》をもつという。

有名な奈良の興福寺《こうふくじ》でも、鳩槃茶を八部衆の薬叉としてあつかっている。

摩侯羅迦王

楽器を持った大蛇？の天部

八部衆のなかで、摩侯羅迦王《まごらかおう》（沙羯羅王《しゃがらおう》）は、蛇の化身とされ、楽器を手にした図像で表わされることが多い。彼は古代インドではマホーラガと呼ばれ、龍と混同されることもある。正確にはコブラのイメージから生まれた大蛇であって、龍ではない。日本的にいえばオロチやウワバミである。

八部衆が確立したのはインドではなく中華文化圏だ。ここでは大蛇とは別に角と足のある龍のイメージが普及したため、龍王と摩侯羅迦王を別にあつかう形式ができあがったといわれる。

緊那羅王

美声をほこる、半獣半人の天部

八部衆のひとり、緊那羅王《きんならおう》は、摩侯羅迦《まごらか》王《おう》と同様、帝釈天《たいしゃくてん》の楽士とされる。

古代インドで、キンナラとは「人か否か」という意味だった。その名のとおりキンナラは半獣半人、あるいは半鳥半人の怪物とされたが、人に災厄をなすものという伝承はとくになく、とても美しい歌声をもつとされている。仏教にとりいれられて以降の緊那羅も歌唱担当の楽士とされた。

その外見は、ほかの八部衆と同様の武将像で表わされることが多いが、半獣半人で一本角をはやした図像もある。

天

あらゆる善神たちの総称

八部衆の筆頭とされるのが天《てん》である。この天とは、古代インドでのデーヴァ、すなわち善神一般のことを指す。

特定の天部を示すものではなく、明確な具体像はない。

つまり逆にいえば、もとは鬼神であったものが折伏《しゃくぶく》された阿修羅《あしゅら》や夜叉《やしゃ》姿の明確な龍族など以外で、仏法に帰依《きえ》した善良なものは、みな天といえることになる。

日本でよく知られる奈良の興福寺《こうふくじ》の八部衆像では、象頭冠《ぞうとうかん》をかぶった「五部浄《ごぶじょう》」が、この天とされる。

持国天

国家を支える四天王の筆頭

四天王は、帝釈天《たいしゃくてん》のすぐ直属の部下として、須弥山《しゅみせん》の四面（東西南北）を守護している。みな、日本では武人の姿で表わされるのが一般的である。

この四天王のなかで、東方を守護する持《じ》国天《こくてん》は、古代インドでドゥリタラーシュトラと呼ばれた王がその前身だ。

彼の名は「国を支えるもの」の意で、その名のとおり国家護持の御利益をもつとされ、四天王の筆頭に挙げられる。

持国天の配下となる眷族《けんぞく》は、八部衆の音楽の神、乾闥婆《けんだつば》とされている。

広目天

西方を守護する四天王のレーダー

四天王のなかで、西方を守護するとされるのが広目天《こうもくてん》である。彼の前身は古代インドのヴィルバークシャという鬼神で、その名は「普通でない目をもつもの」を意味した。その名のとおり、広目天はあらゆるものを見渡す目をもつとされる。

四天王のなかでは珍しく、武器でなく筆と巻物を手にしている図像が多い。戦闘より情報収集や分析が、四天王内での彼の役割なのかもしれない。

広目天の配下となる眷族《けんぞく》は、蛇龍《ナーガ》とされている。

増長天

南方を守護する豊穣の天部

四天王のなかで、南方を守護するとされるのが増長天《ぞうちょうてん》だ。その外見は、ほぼ持国天と同様の武人として描かれる。

増長天は、古代インドではヴィルーダカと呼ばれ、その名は「生長せる者」を意味した。増長天といっても、その性格が高慢で増長しているのではなく、作物をふやし伸ばすという意味である。

増長天の配下となる眷族《けんぞく》は、鳩槃荼《くばんだ》（120ページ）とされている。

これもやはり、農耕や多産、豊穣《ほうじょう》への願望を連想させる天部である。

多聞天

北方を守護する四天王最強の将

四天王のなかでも、最強と呼ばれるのが北方を守護する多聞天《たもんてん》だ。四天王は四者セットのためか、あまり信仰が広がらなかった。しかし、多聞天だけは別格で、先にも述べたとおり、毘沙門天《びしゃもんてん》とも同一視されている。彼は古代インドではクベーラ、またはヴァイシュラヴィナ（「毘沙門天」の音のもとになったのは、むしろこちらだといわれる）と呼ばれ、「説法を多く聞いた者」という意味をもつ。

多聞天の配下となる眷族《けんぞく》は、羅刹《らせつ》、夜叉《やしゃ》たちだといわれる。

Another Episode　天使の翼はギリシァ産

キリスト教発祥以前、西方文化の中心はローマだった。ローマ神話や、その源泉たるギリシア神話が、後世の西方文化のなかにも深く根づいているのは道理だろう。天使像に関しても、例外ではない。じつは、聖書には天使の容姿の描写はほとんどない。初期のキリスト教宗教画では、天使に翼はなかった。有翼の姿が一般化するのは、四世紀以降。その際、モデルとされたのが、ギリシァの女神ニケだ。ローマ名はウィクトリア。英語でいうところのヴィクトリアにあたる。その名のとおり、彼女は「勝利の女神」で、戦の女神アテナの従者とも、その化身ともされる。

ルーブル美術館の「サモトラケのニケ」が有名だが、頭部と腕が欠損しているこの彫像が、十九世紀に発掘される以前から、彼女は西洋では、周知の存在だったのだ。

ちなみにスポーツメーカー、ナイキの社名は、ニケの英語読み。同社のロゴマークも、翼がモチーフだ。一方、米軍には同名の地対空ミサイルもある。スポーツも戦争も、「勝利の女神」にあやかりたいのは一緒ということか。ほかにも、有翼のギリシア神にはエロスがいる。彼もまた、ニケよりだいぶ遅れて、天使像にとりこまれている。

吉祥天

もとは七福神のひとりだった、女人天部の代表格

王家や貴族の福徳を守る、「天部のセレブ」

仏の遣いとされるものに女人は非常に少ない。吉祥天は、弁財天《べんざいてん》とともにその数少ない女人の天部で、吉祥天女《きっしょうてんにょ》、功徳天《くどくてん》とも呼ばれている。

日本では片手に宝珠《ほうじゅ》（または桃の実）を持った唐代の服装の女人姿で知られている。まれに、四本腕の一面四臂《いちめんしひ》の姿で描かれることもある。

吉祥天はもともと、インド神話でヴィシュヌ神の妻であったラクシュミーが、仏教にとりいれられたものだった。仏教説話では、毘沙門天《びしゃもんてん》（106ページ）の妻とされ、また、鬼子母神《きしもじん》（五百人の子がいたが、ほかの人間の子をさらって食べていたので仏に諫《いさ》められ、以後、幼な子の守護者となった）の娘ともいわれる。

彼女の立場には諸説あるが、はっきりしていることは、吉祥という名が示すとおり、幸運や福徳を象徴し、非常に美しい天女であるということだ。

なお、吉祥天は当初、日本における七福神のひとりでもあったが、のちに弁財天《べんざいてん》にその立場を

桃を手にした吉祥天。発祥の地インド以来のアジア地域きっての高貴な天女だ

譲っている。

吉祥天が日本に伝わったのは、奈良時代のころとされるが、日本での吉祥天信仰は、もっぱら当時の貴族や上流階級でのものだった。

これは、もともと彼女がヴィシュヌ神の妻と呼ばれる高貴な女神だったので、王家や貴族の人間の福徳を守ると伝えられたためのようだ。

これに対し弁財天は、日本ではあとから信仰が広まったのだが、もともと水利や農業を守護する存在ともみなされたためか、庶民の人気を集めるに至ったという。

いまひとつセレブすぎて七福神から外れてしまった孤高の吉祥天。だが、それゆえ、単独で信仰の対象となっているともいえる。

弁財天

庶民に愛された、七福神の二代目紅一点

豊穣を守護する水辺の天女

日本でもっとも有名な天女といえるのが、七福神のひとりでもある弁財天《べんざいてん》だろう。

その姿は、多くの天女像と同様、唐代の衣服に身を包み、琵琶《びわ》や数珠《じゅず》を手にしているのが一般的だが、まれに一面八臂《いちめんはっぴ》で武器などを手にした姿のものもある。

彼女はその外見どおり、音楽をはじめとした技芸を司どるとされ、さらには財産を守る天部ともいわれる。そのため「弁才天」と記されていたものが「弁財天」と書かれるようになった。弁天、あるいは妙音天《みょうおんてん》と呼ばれることもある。

また、彼女の原形である古代インド神話のサラスヴァティーは、河川の女神であり、水利は農業と密接な関係があったことから、豊穣《ほうじょう》の守護者ともみなされた。ともあれ、じつに御利益の多い天女である。

インド神話でのサラスヴァティーは、仏教での梵天《ぼんてん》ことブラフマーによって生み出されたが、そのブラフマー自身が、彼女のあまりの美しさに惹かれ、彼女にしつこく迫って、ついにその妻

楽器を手にした姿で描かれることが多いため、妙音天とも呼ばれる弁財天

にしたといわれている。

さて、もともとは河を守る水の女神だけに、日本でも弁天様のお堂は水辺につくられることが多い。

弁天様のまつられた池や河でデートをすると、弁天様に嫉妬《しっと》されるという俗説がよくあるが、ブラフマーの妻となってからのサラスヴァティーも、嫉妬深かったそうだ。

余談ながら、フランス語の「海」という語(lamer《ラメール》)は女性名詞である。

ゾロアスター教のハルワタート(152ページ)など、水の神、精霊とされるものには、弁財天と同じく女性が多い。これは、海や大河などの水辺が、「生命の母」という、古代からのイメージを反映しているのだろう。

韋駄天

上司より有名な、寺院を守る俊足天部

もとは諸神の総司令官だった、天部のスプリンター

天部きっての俊足として知られる韋駄天《いだてん》だが、そのネーミングの由来は、じつは誤字である。

彼の原形は、古代インド神話でシヴァ神（あるいは、火の神であるアグニ神）の息子とされる武神スカンダだが、これを中華文化圏では当初「塞建陀」と記した。

しかしその後、「建」の字が誤って「違」の字として伝わり、さらに「韋」と書かれるようになって、現在に至っているのだ。

韋駄天の外見は、もっぱら、甲冑《かっちゅう》と兜《かぶと》を身につけて胸の前で合掌《がっしょう》し、両腕のあいだに剣をのせた姿で描かれている。

仏教説話のキャラクターとなってからの彼は、東西南北の四方位をそれぞれ守護する四天王のひとり、増長天《ぞうちょうてん》の部下となった。

仏陀《ブッダ》が入滅したとき、足の速い悪鬼が、仏の歯を火葬場から盗んだため、追いかけて取り返したという。

重厚な印象の韋駄天。だが、持ち前の俊足で盗人を逃がさない

この逸話から、韋駄天はとくに俊足の天部として知られ、上司の増長天より有名だ。実際、彼は四天王以上の実力者だったらしい。

古代インド神話の叙事詩『マハーバーラタ』では、諸神がアスラ（阿修羅《あしゅら》）との戦いに不利だった時期、この韋駄天ことスカンダが生まれて、インドラ（帝釈天《たいしゃくてん》）のもとで、神々の軍勢を率いて勝利に導いたと伝えられている。

韋駄天は、仏法では僧侶やそれらの集う伽藍《がらん》を守護するとされ、韋駄天の像を安置していれば、食べ物に困ることはないといわれた。

そこから、日本ではとくに、寺院での起居生活が重要な禅宗で、韋駄天が深く崇められるようになったという。

摩利支天——戦場でも傷つかない、武人たちの守り神

天部の超音速ステルス機

摩利支天《まりしてん》は、仏教の諸天のなかの、十二天、二十八部などという分類に加えられることはないが、昔から人々に親しまれてきた天部のひとりである。

その外観は、三面六臂《さんめんろっぴ》で、猪の背の上に浮いた三日月にのっており、三面のうちのひとつは憤怒の形相、またひとつは猪の顔とされていることが多いが、ふつうの人の姿と同様の、一面二臂《いちめんにひ》のたおやかな天女として描かれることもある。

摩利支天は陽炎《かげろう》の化身であり、もともとは古代インド神話ではマリーチと呼ばれ、太陽の光を象徴し、さらにさかのぼれば暁《あかつき》の女神ウシャスが原型とされている。

仏教説話のキャラクターとなって以降の彼女は、帝釈天《たいしゃくてん》の配下のひとりとなった。帝釈天が阿修羅《あしゅら》と戦う際には、摩利支天が、同じく帝釈天の配下の日天《にってん》、月天《がってん》の前を駆け抜けるという。陽炎であり光である彼女は、恐るべき速さをもち、人間はもとより、日天、月天でさえその姿を見ることができないという。マンダラなどに描かれる仏のなかには、象や牛にのったものはある

日本では武人に信仰された摩利支天。「猪武者」という語も、その産物か

が、猪にのったものは摩利支天のみで、とくに猪はすばやい獣だとみなされていたようだ。

この速さゆえ、彼女は、戦場でも決して傷つくことはないという。

そこから転じてか、摩利支天は、日本では古来より、武士や忍者の守護者として崇められていた。もともとは女神であったという彼女が、猪の顔をもち、武器を手にした武骨な姿で描かれることが多くなったのも、そんな背景からのようだ。

人に姿を見せることなく人々を守護するとされる摩利支天は、後年には、さらに盗難や詐欺《さぎ》から財産を守るともいわれ、武士だけでなく商人にも広く崇められるようになっている。

歓喜天

夫婦和合や子宝をもたらす天部

おめでたそうな外見に、賢さと強さを秘める

天部のなかでも、歓喜天《かんぎてん》（聖天《しょうてん》）の外見は、とくに変わっている。人間の体に象の頭をもち、日本での歓喜天像の多くは、男女一対ふたりの歓喜天が抱き合っている姿が多いが、単体で、一《いち》面四臂《めんしひ》の図像で描かれていることもある。

歓喜天の前身は、インド神話でのシヴァ神の息子ガネーシャだった。人間の体に象の頭をもつ神様だ。ちなみに、韋駄天《いだてん》ことスカンダの兄でもある。

ガネーシャは、そのおめでたそうな外見から、古来インドでは庶民によく親しまれ、知識や富を象徴する神様として崇められた。

仏教のキャラクターになってからも、その性格はひきつがれた。

だが、そんなガネーシャは、暴れん坊としても知られ、それをおさめようとした十一面観音《じゅういちめんかんのん》が、天女の姿になって彼に抱きつき、歓喜したガネーシャはそのまま仏法に帰依《きえ》して、大聖歓喜自在《だいせいかんぎじざい》天《てん》と呼ばれる天部となったといわれている。

異形だが、民間仏教の性的おおらかさを示すともいえる歓喜天

そんな由来から、歓喜天は、ガネーシャがもっていた知識や富の守護者という性格に加え、夫婦和合や子宝をもたらす天部とされるようになった。ただし、男女が抱き合った歓喜天の像は、その性的なイメージが露骨なことから、多くのお寺では、残念ながら一般公開されない秘仏とされている。

ちなみに、歓喜天へのお供えものは大根と決まっているが、これは象の牙を表わすとも、男根の隠喩ではないかともいわれている。

平和なイメージが強い歓喜天だが、九千八百の鬼を率いて三千世界を自在に往来し守護するともいう。実際、巨体に大きな脳をもち、群れをなす象は、強く、賢く、家族愛にあふれた動物であり、外見どおりの天部といえよう。

鬼子母神

人でも鬼でも、我が子はかわいい！

日本では安産、子育ての守護者として知られる鬼子母神《きしもじん》は、古代インドではハーリーティと呼ばれた夜叉《やしゃ》で、その音から訶利帝母《かりていも》と記されることもある。彼女には五百人（千人、一万人とする説もある）の子がいたが、ほかの家の子をさらってきては喰らっていた。そこで仏陀《ブッダ》が、鬼子母神の子のひとりを隠すと、彼女は激しく嘆き悲しんだ。仏陀は、五百人の子のうちのひとりを失ってもこれだけ悲しいのだから、ひとりしかいない子を失った母親の気持ちはどのようなものかと諭《さと》した。これ以後、彼女は仏法に帰依《きえ》して安産、子育ての守護者になったという。

一説によれば、彼女が多数の子どもを喰らうのは、その前世で、産気づいたときに、その場にいた五百人の僧に助けてもらえず、赤子を死なせてしまったことが原因といわれる。その恨みから恐ろしい夜叉に転生したとも伝えられている。

彼女は幼子を抱いた姿で描かれるのが一般的だが、子どものかわりに吉祥果《ざくろ》を手にしている場合もある。これは、仏陀から、人肉のかわりに吉祥果を食べるように諭されたためだという。

荼吉尼天

人の死を予告する豊穣の女神

荼吉尼天《だきにてん》は、日本では稲荷信仰と結びつけられ、白い狐にのって、剣などを手にした天女の姿で表わされるが、これは日本独自の解釈から生まれた姿である。彼女の前身は、古代インドのダーキニーで、豊穣《ほうじょう》の女神とも呼ばれたが、生きた人間の肝を喰らう恐ろしい夜叉《やしゃ》とされていた。それが大日如来《だいにちにょらい》に折伏《しゃくぶく》され、人間の肝を喰らうかわりに、人の死を半年前に予見し、そのものが死んだら肝を喰らうことを許されるようになったという。このため荼吉尼天は、半年後に死ぬことになる人間に、その運命を告げることがあると伝えられている。古代インドでのダーキニーは、人肉を喰らうことや死のイメージから、山犬（ジャッカル）と結びつけられていた（直接の関係はないが、古代エジプトの死の神アヌヴィスも、墓場によく出没するジャッカルの神である）。

しかし、それが日本に伝わると、狐と結びつけられ、神仏混交のお稲荷さまに発展していったのである。稲荷信仰とは、もともと文字どおり稲の豊作祈願に関連しているが、ダーキニーが本来もっていた、豊穣の女神という性格が復活したものともいえなくはない。

哪吒

孫悟空とも戦った、中華世界の英雄

一神教であるユダヤ、キリスト、イスラム文化圏に対し、多神教と土着の民間信仰が混然となっている東洋では、純然たる仏教のキャラクター以外で、天使に該当する存在を見つけるのは難しい。天使とは、神や仏そのものでなく「神の遣い」であって、もとは人間だったものが武術や仙術を極めて超人になったものとは違う。とすると、東洋に天使はあるか？　あえていえば、哪吒《なた》は中華世界の天使である。

人か？　神か？　玉帝が遣わした童子

哪吒は『西遊記』や『封神演義《ほうしんえんぎ》』にも登場する、じつに人気の高い英雄だ。その姿は、童子の姿で表わされることも多いのだが、戦闘時には身長六丈（つまり十八メートル！）、三面八臂《さんめんはっぴ》となり、首には金の首輪をはめ、剣や火尖槍《かせんそう》などの武器を持ち、風火輪《ふうかりん》で天空を駆けるとされる。明代に成立した『封神演義』などでは、哪吒は、周代（紀元前十二世紀）の李靖王《りせいおう》の第三子として生まれたことになっているが、元代の『三教捜神大全《さんきょうそうじんだいぜん》』にまとめられた哪吒伝承の起源など

では、彼は「玉帝上皇の遣い《ぎょくていじょうこう》」とされている。この玉帝上皇とは、実在の皇帝ではない。中華文化圏には、本来ヤーヴェやアッラーのような人格神としての最高神という概念はないのだが、道教での玉帝上皇（あるいは儒教の用語での「天帝」）とは、最高神のような存在である。哪吒は李靖王の子として生まれたが、玉帝が、人間に災厄をなす悪鬼の類を懲《こ》らしめるために、李靖王の夫人である素知《すち》の胎内に直接その魂を送りこんで（投胎《とうたい》）産ませ、地上に遣わしたものともいわれている。実際、周代というのは、なかば史実、なかば神話の時代。哪吒と並ぶ中華世界の英雄である二郎真君《じろうしんくん》（『封神演義』では揚哪《ようせん》）は、より後年に実在モデルがいて、一応、仙術をきわめた人間の道士ということになりそうだが、哪吒は、仙人とも、神や仏そのものともいいがたく、あえていえば神の子だから天使となりそうだ。また、仏教が普及して以降、これと混然となった伝承では、は毘沙門天《びしゃもんてん》（１０６ページ）の子であるとも、李靖王が毘沙門天の化身だったともいわれている。

哪時代を飛び越え、活躍し続ける英雄

いずれの伝承、物語においても共通しているのは、哪吒は幼童のころから相当の暴れん坊で、べらぼうに強かったということである。哪吒は幼児期（生後三日目、七歳など諸説あり）に水浴

びをしていて龍王の水晶殿を踏んづけてしまい、そのまま龍王とケンカになった末、これを倒したという。この話の印象が強いためか、彼はかわいらしい幼童の姿で描かれることが多い。

哪吒は、唐代が舞台の『西遊記』でも、暴れものだった当時の孫悟空を懲らしめる役のひとりとして登場する。このときの哪吒は仏の遣いである。いくつかの伝承では、哪吒は一度自決したが、如来《にょらい》が復活させたとされている。哪吒には金吒《きんた》、木哪《もた》というふたりの兄がおり、彼は李靖王の三男坊であった。それゆえ、哪吒三太子とも呼ばれる。金吒、木吒も玉帝の遣いで、李靖王の子として生まれた。金吒は真面目だが地味で、儒教の立て前からいえば長男がいちばん偉いはずだが、幼童の姿をしていながら暴れん坊の哪吒が、昔から庶民には大人気だった。それればかりか、哪吒は派手な親子ゲンカもしている。彼の父である李靖王が、息子の蛮勇が世を騒がすものと思いこみ、哪吒の廟《びょう》を壊したためである。そう、中華文化圏では、支配階級の立て前は、年長者を立てる儒教の忠孝悌の道徳だったが、庶民の本音は道教の自然主義で、龍や鬼神はもとより、兄や父さえ圧倒する奔放な末っ子の哪吒は、庶民の本音を反映したヒーローだったのだ。

哪吒は、現代でも、中国大陸はもとより、台湾や香港なども含めた広い中華文化圏で大人気であり、哪吒が登場するテレビドラマや漫画が、大量につくられている。

孔宣

虹色の羽毛をもつ、殷王朝の猛将

中華文化圏の鳥人？　孔雀明王の化身

ユダヤ＝キリスト教以前にも、インドやペルシャ、中東には、翼をもつ天使のような精霊の図像が多く見られる。だが、東アジアには、インド神話起源の迦楼羅王《かるらおう》（116ページ）以外に、神や仏の遣いで翼や羽毛をもつものはあまりいない。

あえて挙げるとするならば、その数少ない一例となりそうなのが、孔宣《こうせん》だろうか。

孔宣は、明代に成立した『封神演義《ほうしんえんぎ》』に、哪吒《なた》らの主要人物が属する周王朝と敵対する、商（殷《いん》）王朝側の強力な武将として登場する。三山閣《さんざんかく》の守備を指揮していた孔宣は、虹のような五色の光を放って哪吒らを圧倒しまくった。

そんな孔宣の正体は、虹色の羽毛をもつ巨大な孔雀《くじゃく》、仏教における孔雀明王《くじゃくみょうおう》であり、つまり本来は仏の遣いのひとりだった。正体を見破られた孔宣は、仏教発祥の地である西方へと、連れもどされることになる。

孔雀明王は孔雀にのった姿で描かれ、背中に翼をはやしているわけではないが、後光のように

東アジアではめずらしい有翼の神仙武将、孔宣。その原形は古代インドの天使か？

尾羽を背負っている。

　明王とは、如来《にょらい》が怒りの姿で現われたものだとされる。このため不動明王《ふどうみょうおう》などは憤怒の表情をしているが、孔雀明王だけは例外で、女人のような、たおやかな表情をしている。

　インドでは、孔雀は毒蛇を喰らう、勇猛で神秘的な鳥とみなされていた。

　このためか、キリスト教文化圏では「天使の翼は白色」というのがすっかり定着しているが、逆に古代インドからイスラム圏の有翼天使の図像では、まるで孔雀のような、虹色の翼をもつものが多い。

　孔宣のイメージもまた、シルクロードをへて伝わってきたはてに生まれた可能性が、十分に考えられるだろう。

アプサラス——神々のあいだを舞う、天上のセクシー乙女

淫乱で浮気性な「官能の娘たち」

インド神話に登場する天女アプサラスは、天界の踊り子といわれる精霊の一種だ。

アプサラスとは、ひとりの名前ではなく、アスラ（阿修羅《あしゅら》）やヤクシャ（夜叉《やしゃ》）と同様に、一群の精霊たちの総称である。

彼女たちは、女神ではなく、神に従属する存在で、ときおり翼のはえた図像で表わされるので、そのイメージは天使に近いといえる。

インド神話において、彼女たちは、神々が甘露《かんろ》アムリタをつくるために海を攪拌《かくはん》したときに海中から生まれた。神々とアスラは彼女たちの所有をめぐって争ったが、淫乱で浮気性なアプサラスは、結局、神々のものであり、アスラのものでもある存在となった。そんな彼女たちは「官能の娘たち」とも呼ばれる。

神々に従属するアプサラスは、楽士のガンダルヴァ（仏教説話での乾闥婆《けんだつば》、１１９ページ）の伴奏にあわせて踊るという。

古代インドの図像では、ときおり虹色の翼をもつ妖艶なアプサラス

彼女らは、ときとして人間を誘惑する。有名な物語では、古代の王のひとり、ブルーラヴァスが、ウルヴァシーという名のアプサラスに求婚し、ウルヴァシーはこれを受けいれたが、「自分に裸体を見せないでくれ」と頼んだ。
ウルヴァシーの友だちのガンダルヴァは、彼女をもといた森に戻そうとたくらみ、彼女が飼っていた二頭の羊をさらってしまう。
ウルヴァシーに責められ、羊をとりもどそうと外に飛び出したブルーラヴァスは、ガンダルヴァの雷撃を受けて裸になってしまい、約束どおり彼のもとを去る。しかしブルーラヴァスはあきらめきれず、みずからガンダルヴァの仲間となってウルヴァシーと暮らしたという。

デーヴァ

天使、堕天使たちの原型となった「輝くもの」

古代インド神話におけるデーヴァとは、本来「輝くもの」という意味をもち、アスラやアプサラスと同様、ひとりの名ではなく、一群の下級神、あるいは精霊のことを指す。このためデーヴァと呼ばれるものは多数あり、その姿は明言できない。だが、デーヴァは、東方と西方の天使、堕天使の概念の原形になっている。インド神話の叙事詩『リグ・ヴェーダ』のなかでは、デーヴァたちは人間を助けるものとして登場し、後代には、ヴィシュヌ神や、アスラ（阿修羅《あしゅら》）と戦うインドラ（帝釈天《たいしゃくてん》）らの配下という位置づけになっている。

さらに、仏教世界での天部のもとになった「天」という語は、ズバリ、このデーヴァのことを指している。こちらのデーヴァは、悟りや善き神性をもつものとしての性格が強いようだ。一方、デーヴァは、西方でのデーモン、デヴィルという語のもとになった。ユダヤ＝キリスト教世界の天使は、はじめは自然界の精霊（イスラム世界でいえばジン）と混合されて語られ、悪魔の多くが堕天使と同一視されてきた。やはり、デーヴァは、天使と堕天使の原形だったのだろうか。

Another Episode 天使の格言

天使といえば、美しいもの、無垢《むく》なものの代表だが、ことわざとなると、悪魔の出番のほうが多い。「天使のことをいうと翼の音が聞こえる」ということわざは、日本では「噂をすれば影」といわれるが、同じ意味で「悪魔の話をすれば悪魔が現われる」という言葉もある。

ほかにも「女は教会では聖女、街では天使、家では悪魔」、「子どもは三歳までが天使」と、どこかシニカル。「天使が旅をするときは晴れる」や、「天使が恐れる場所に愚者は飛びこむ」という、日ごろの行動に注意をうながす、処世訓めいた言葉も多い。やはり天使は潔癖だからか。天使とくらべられるのはなかなかに大変だ。一方で、雲間から差しこむ太陽の光を「天使の階段」、ウイスキーを樽のなかで熟成させるとき、蒸発してなくなった分を「天使の分け前」と呼ぶなど、なかなか粋な表現もある。ことわざから離れると、やはり天使のイメージは「天使の歌声」や「天使の肌」など、最上級の誉め言葉として、ひきあいに出されることも多い。

ただ、寝心地の良いベッドを「天使の眠り」としたり、さまざまな商品のキャッチコピーにまで使われるのは、当の天使としては複雑な心境だろう。

ウォフ・マナフ――ゾロアスター教六大天使の筆頭

ゾロアスターを導いた白い巨人

古代ペルシャで成立したゾロアスター教は、善神アフラ・マズダと悪神アーリマンを中心とした二元論の世界観をもつが、アフラ・マズダに仕える六大天使と、アーリマンに仕える六大悪魔がそれぞれいるとされる。

ウォフ・マナフはこの六大天使（アフラ・マズダの神格の六つの面）の筆頭であり、「善き考え」、「善き心」を象徴している。

彼はゾロアスターに、オルマズドの神託を伝えた天使である。ゾロアスターは三十歳のとき、祭りのため訪問した村からの帰り道でウォフ・マナフに出会った。

ウォフ・マナフの身の丈はゾロアスターの九倍。巻き毛で、白い杖をもち、縫い目も裁ち目もない衣服を身にまとい、輝くばかりの美しい姿をしていたという。

ウォフ・マナフはゾロアスターをアフラ・マズダのもとに導いたが、ゾロアスターが九十歩で歩く距離をたった九歩で歩いたという。

後世の諸宗教に影響を与えたゾロアスターを、神のもとへ導いたウォフ・マナフ

ゾロアスター教といえば、現在では「古代の宗教」という印象が強い。

しかし、ゾロアスターは当時における宗教改革者だった。

さまざまな土着の神々や精霊が信仰されているなか、この世を、献身、真実などの善き意志と、傲慢《ごうまん》、残忍などの悪しき意志との戦いであると整理した世界観を示したのである。

ゾロアスター教の天使は、アメシャ・スペンタ（聖なる不死者）といい、その成立構造は、仏教の天部とよく似ている。

つまり、アメシャ・スペンタは、ゾロアスター教よりもさらに古いペルシャ土着の神々のなかで、人々の守護者とされたものを、ゾロアスター教の教義にとりいれたものだった。

スプンタ・アールマティ

農耕、牧畜を守護する大いなる地母天使

スプンタ・アールマティは、アフラ・マズダの娘であるとされ、ゾロアスター教の六大天使のなかでは、ウォフ・マナフと並んで、大きくとりあげられることが多い存在だ。

彼女は、大地を治める農耕や牧畜の守護者で、地球そのものと同一視される、いわば、ギリシァ神話の神々の母ガイアと同じだ。同時に彼女は、宗教的調和と信仰「恵み深き心」、「善きものへの献身」を象徴している。

彼女と対になる、悪神アーリマン側の悪魔が、背教、不信心を象徴するタローマティである。

ゾロアスター教もまた、それ以前の土着のさまざまな精霊、善神を天使としてとりいれたが、アールマティーの名は、古代インド神話にも地母神として登場する。そもそも彼女の名は、「順応する意図」を意味していた。

なお、ゾロアスター教では、ややこしいが、アフラ・マズダの別名ともされるスプンタ・マンユ、ウォフ・マナフなどを含め、七大天使とする場合もある。

アシャ・ヴァヒシュタ

ペルシャの猛々しき火の天使

アシャ・ヴァヒシュタ（アルトゥヴァアヒシ）は、ゾロアスター教の六大天使のひとりであり、「正義あるいは真実」を象徴する。彼は神の摂理の体現者で、自然界の元素のなかでは火を司どっている。

その役割は、善なるものを厚遇し、その反対に悪なるものを厳しく罰するというから、戦闘的なイメージが強い。

仏教のキャラクターでいえば、やはり火炎を背負った怒りの神である不動明王《ふどうみょうおう》ような雰囲気だろうか。

彼と対になる悪魔は、ドゥルジである。

クシャスラ

ペルシャの民を守る、金属の天使

クシャスラ（シャリヴァアー）は、ゾロアスター教の六大天使のなかで、「選ばれた王国」、「支配」、「権威」を象徴する。いわば、弱者の救済なども含め、アフラ・マズダの精神を地上の権力で実行する善政の体現者だ。

彼は、自然界の元素では金属と同時に神のシンボルを司どっている。これは、貴金属が王権、ひいては神の権威と結びつけて考えられていたためのようだ。

クシャスラと対になるのは、「無秩序をもたらす悪魔」サルワとされる。

ハルワタート

ペルシャのやさしき水の天使

ゾロアスター教の六大天使のなかで、ハルワタート（フーダット）は、「健康」、「完全さ」、「救済」を象徴する。

ハルワタートは、自然界の緒要素のなかでは水を司どり、大地を司どるスプンタ・アールマティ、植物を司どるアムルタートとともに、女性であると考えられている。

生命の根源というイメージがあるものが女性というのは、世界各地の神話に共通する要素といえるだろう。

彼女と対になる悪魔は、タウティである。

アムルタート

ペルシャの穏やかな木々の天使

ゾロアスター教の六大天使のなかで、ハルワタートと一対のように語られるのが、アムルタート（アマダット）だ。

彼女は「生命」あるいは「不死」を象徴し、自然界のなかでは、植物を司どる。

古代ペルシャ人の伝承にある聖なる生命の樹ハマオと深く結びつけられて信仰されていた。

彼女と対になる悪魔は、ザリチェだ。

ハルワタートとアムルタートは、のちにイスラム教で堕天使となる、ハールートとマールートの原形となる。

ジブリール

ムハンマドにコーランの啓示を与えた天使

天啓の天使ジブリール（ジャブライール）は、キリスト教のガブリエルに相当し、イスラム教では四大天使の筆頭に挙げられる。

彼にまつわる有名な逸話は、ムハンマド（モハメッド）が四十歳のとき、神《アッラー》の遣いとして『コーラン』（クルアーン）の啓示を与えたことだ。

また、有名な『コーラン』の「夜の旅の章」では、ジブリールを筆頭とした天使たちに連れられたムハンマドが、夜空を飛翔したとされている。

ジブリールをはじめ、イスラム世界の天使は、アラビアの原初の民間信仰のなかでは、善とも悪ともつかぬジン（精霊）と同一視されていた。しかし、時代をへるにつれて神格化が進み、その形容も複雑になっていったようだ。ジブリールは、緑色をした千六百枚の翼（一説には百四十組）をもち、髪の毛はサフラン色をしている。その両眼のあいだには太陽が、髪の毛の一本一本には月と星の輝きがあるとされている。

ミーカーイール

七万の涙を流す知恵と魂の天使

イスラム教の四大天使のひとり、ミーカーイールは、キリスト教のミカエルに相当する。キリスト教でのミカエルは、戦闘的なイメージがあるが、ミーカーイールは、智恵と魂、そして物体の永続性を司どる天使という性格が強いようだ。

一説によれば、彼はイスラーフィールが生まれてから五千年後に、神《アッラー》によってつくり出された。さらに、その五百年後にジブリールが生まれたという。

ミーカーイールは、大洋、河川などの守護者であり、「第七の天」にいるとされ、これは『コーラン』の「山の章」に書かれた「満潮みなぎる大洋」を指すといわれる。しかし、彼の名は『コーラン』のなかでは明言されていない。ミーカーイールの翼の数を知るものは神《アッラー》のみで、その姿を描写することができる人間はいないともいわれる。その一方で、彼の髪には百万の顔があり、その顔のひとつひとつに百万の眼と百万の舌があり、百万の言語を口にし、それぞれの眼からは七万の涙が流れ落ち、その涙から智天使《ちてんし》ケルビムを生み出すとも伝えられている。

イズラーイール

生きとし生けるものすべての天命を知る、死の天使

イスラム教の四大天使のなかで「死の天使」、つまり、死者の魂を天国、あるいは地獄へと連れていくものが、イズラーイールだ。ユダヤ教でのアズラエル、キリスト教でのラファエルと同一視されることもある。彼は『コーラン』では「伏拝《ふくはい》の章」に登場するが、正確には、そこでは「死の天使」と呼ばれるのみで、イズラーイールという名は記されていない。

一説によれば、イズラーイールは、大きな書物を手にし、つねに書きこんだり消したりをくり返しているという。この書物には、人間の天命が記されており、書くと誕生をもたらし、消すと死をもたらすのだそうだ。こう述べると、イズラーイールは、まるで死神のようにも思えるかもしれないが、彼はあくまで天命の忠実な執行者であり、死者の魂を運び去るという行為は、その魂をより高貴なものとして神《アッラー》のもとへ運ぶという意味に解釈されている。

すべての生命を見ているイズラーイールは、天使のなかでももっとも巨大な体をもち、その足は地上に接していて、その頭部は天に届いているといわれている。

イスラーフィール

角笛を吹き鳴らす、復活の天使

イスラーフィールは、イスラム教の四大天使のなかでは、魂に命を吹き込む、復活の天使である。いわば、死の天使イズラーイールと対をなす存在ともいえる。ただし、『コーラン』にその名は明記されていない。彼の名は「燃えているもの」を意味するという。

死の天使に対し、復活の天使だから生命の火が燃えている、という意味だけではなさそうだ。イスラーフィールは、最後の審判の日に角笛（あるいはラッパ）を吹き鳴らす天使とされているが、同時に、自分自身やほかの天使も、その炎で焼きつくしてしまう天使ともいわれる。一説によれば、イスラーフィールは、かつて三年間にわたりムハンマドの供を務めた。そしてのちにその役割をジブリールにひきついだのだそうだ。イスラーフィールは四枚の翼をもち、第一の翼は東方を、第二の翼は西方を、第三の翼は衣類として天から地までを覆っている。また、第四の翼はベールとなって神《アッラー》の荘厳さと彼自身をわけているともいう。さらに、彼が吹き鳴らす復活の角笛のなかは、小さな部屋にわかれており、そのなかで死者の魂が休んでいるといわれる。

マリク

罪人にはひたすら厳しい、地獄の番人

マリクは、イスラム教の世界で、地獄（ジャハンナム、すなわちユダヤ＝キリスト教における ゲヘナ）を守るとされる天使だ。彼には、十九人の下級の守護天使ザバニヤが付き従っていると いわれる。マリクの名前は『コーラン』の「装飾の章」に登場し、その名は、地獄の所有者（番人）を意味する。不信心な品行ゆえ地獄に落とされたものは、永遠に責め苦を受けることになり、正確には死んだともいえない状態になるようだ。

「装飾の章」では、亡者たちはマリクに「あなたの主に、われわれをさっさと死なせるよう頼んでください」と懇願するが、マリクは「われらはおまえたちに真理を表わしてやったのに、おまえたちの多くはこれを嫌悪した」と厳しく指弾する。続く「煙の章」では、「劫火《ごうか》」、「懲罰の熱湯」といった地獄の風景が描写されている。

こうしたイメージから、マリクはかなり恐ろしい天使というイメージもある。だが彼は、ただ職務に忠実で、敬虔《けいけん》な信仰心を冷笑するような人間を容赦しない天使なのかもしれない。

ハファザ

人間の行動はすべてお見通しだ！

イスラム教の天使のなかには書記天使、あるいは記録天使と称されるものがいる。ときにハファザ、あるいはキラーメン、カーティブーンとも呼ばれ、つねに二人一組（四人とする解釈もある）で行動している天使である。彼らは人間の行為を守護し、また監視するものたちであり、つねにひとりの人間の左右それぞれにつき、一方が考えを口述し、もうひとりが記録を取っているという。四人とする説では、昼と夜、ふたりずつの書記天使が、ひとりの人間の左右につき、その善行と悪行のすべてを記録しているともいわれる。

やはり彼らの名も『コーラン』では明言されていないが、「カーフの章」で「ふたりの天使が対座する」とあり、この天使は、このハファザのことを指しているといわれる。さらに「裂けるの章」でも「おまえたちの上には監視者がいる」、「気高い書記がいる」と記されている。

彼らはすべてお見通しで、人が死ぬとき、天国に行くべきか、地獄に行くべきかを判定する役目を与えられているともいえるのだ。

ムンカル／ナキール

不誠実な嘘をつくと……？

イスラム世界の天使のなかでも、ムンカルとナキールは、つねにセットで語られる。彼らの役割は、死者がその生前、はたして正しい信仰生活を送っていたかどうか、その魂を選別することだ。

死者が墓に埋められ、葬儀の参列者が去ると、ムンカルとナキールはすぐにそこに現われ、死者に対し、いくつもの質問をし、死者が不誠実な嘘をつけば、かなづちで殴るともいう。

両者の外見は、ともに青い眼をした黒い天使であると伝えられている。

ムハッキバート

祈りを欠かさぬものには寛大

ムハッキバートは、ときおりハファザと同一視され、やはりすべての人々を守護し、また監視する天使とされる。彼も『コーラン』のなかではその名は明言されていない。だが「雷鳴の章」には、「どの者にも前とうしろに見張りの天使がついており、神のご命令によって監視している」とあり、これはムハッキバートのことだという。

ムハッキバートは、敬虔《けいけん》に祈りを捧げる信徒であれば、祈りと祈りのあいだの罪行は帳消しにして、善行のみを神《アッラー》に報告すると伝えられている。

神の言葉を伝える、エジプト神話の天使

マアト

神の法を象徴し、死者の魂を測る羽毛

キリスト教、イスラム教のもとになったユダヤ教は、エジプトを脱出した人々によって生み出されたが、ユダヤ教系統の天使のイメージの原形のひとつになったのではないかと思われるのが、古代エジプト神話の、翼をもつ女神マアトだ。

マアトは、古代エジプト神話のなかで、死者の霊魂が死後の世界に至り、審判を受ける過程を記した文書、いわゆる『死者の書』に登場する。

彼女はエジプト神話における最高神ラーの娘であるとされ、その外見は、頭の上にダチョウの羽毛がはえた女神、あるいは羽毛そのものである。

同じエジプト神話では、イシス、ネフティスもときおり翼をもつ女神として描かれ、外見のイメージは天使というより、むしろ半鳥半人の女神という印象もある。

ただ、イシスとネフティスも、冥界《めいかい》に運ばれたオシリス神の魂を守護するものとしてあつかわれるため、のちのユダヤ教系列の天使の原形とされることがある。

頭頂に羽毛があるだけのマァト像もあるが、天使のような有翼像も少なくない

これに対しマァトは、真理、秩序そのものを意味し、「絶対の神の裁定を伝えるもの」という象徴性を背負った存在だった。これは独立した女神であるというより「神の言葉を伝える」という天使のイメージに近いだろう。

『死者の書』における死者の審判では、死者の魂とマァトの羽毛が秤《はかり》にかけられ、つりあえばその魂は死後の楽園に行けるとされていた。ただし、マァト自身を人格をもった存在としてあつかった神話といえるものは伝わっていない。

そのことはむしろ、彼女がエジプト神話のなかでは、ほかの女神とは一線を画し、最高神に直接従属する存在だったことを示しているともいえなくもない。

キリスト教の三大文学

西洋では、古典から警句や比喩をそらで引用できることが、教養の証とされる。聖書やシェイクスピアと並び、よくその引用元とされるのが、いわゆる「キリスト教の三大文学」だ。

第一は、ダンテの『神曲』（十四世紀の叙事詩）。作者と同名の詩人が、古代ローマの詩人ウェルギリウスや、夭折《ようせつ》した恋人ベアトリーチェに導かれ、地獄、煉獄《れんごく》、天国を遍歴する。

第二は、ミルトンの『失楽園』（十七世紀の叙事詩）。旧約聖書の『創世記』をもとに、天使軍団と悪魔軍団の闘争を、壮大なスケールで描く。特筆すべきは、登場する数かずの天使、堕天使たちの造形だ。悪魔の長たるルシファーさえ、全能の神に果敢に挑む一種の英雄として描かれている。敵味方を問わず、だれもが読者の共感をそそる魅力をもっているのだ。

第三は、ゲーテの『ファウスト』（十九世紀の戯曲）。十五世紀ごろに実在した伝説の魔術師を主人公に、悪魔メフィストと契約を結んだ彼の数奇な運命が、幻想的に綴《つづ》られている。これらはいずれも、後世の芸術だけでなく、天使学や悪魔学にも影響を与えた。天国と地獄の構造や、天使と悪魔の逸話は、詩人たちの想像力によって形成された部分も大きいのだ。

Part3 西方世界の悪魔

〈西方世界の主な悪魔〉

ルシファー
バール
ベルゼブブ
アスモデウス
アスタロト
アモン
インクブス／スクブス
カイム
サタン
ダゴン
ベリアル
メフィストフェレス
黙示録の獣
リリス
レヴィヤタン
ほか　計五十の悪魔

数千年の長きにわたり、絶対神に抗い続ける西方の悪魔たち

高慢、憤怒、嫉妬、怠惰、貪欲……。西方世界の悪魔たちは個性豊かだ。人間の欲望の数だけ、悪魔の種類があるのかもしれない。

思想と哲学と美学をもった、西方世界の悪魔たち

悪魔とはなにか？　その定義はなかなか難しい。悪魔と怪物は違うのか？　悪魔と妖怪は違うのか？　悪魔と魔物は違うのか……。

それらはすべて同じものだという人もいるだろう。だが、悪魔とは、ほんとうは怪物でも、妖怪でも、魔物でもない。少なくとも、西方世界の悪魔はそうだ。本書でいう西方世界の悪魔とは、欧米で支配的な信仰となっているキリスト教、およびそのキリスト教の源流である

ユダヤ教で悪魔とされている存在のことである。

そんな西方世界の悪魔たちの特徴は、明確に「善」と対立するものであるというところにある。彼らは、神、あるいは神のしもべである天使たちが掲げる「善」に対して、敢然と「悪」の旗を掲げ、敵対するものなのだ。だから、西方世界の悪魔たちには、彼らの信じる思想があり、哲学があり、美学がある。そこが、怪物や妖怪や魔物と、悪魔をわけている部分だ。怪物や妖怪や魔物が人間に害を与えることもあるだろう。

しかし彼らは、なんらかの思想に基づいて害を与えているのではなく、生き物としての性質が人間にとって害となっているにすぎない。それは、毒蛇が人間を襲い害を与えることがあっても、ある思想に基づいて人間に害を与えているわけではないということと同じだ。

だが、悪魔たちは違う。悪魔と天使は、人間を真ん中に置き、それぞれが自分たちの陣営に人間を引きこもうと、綱引きをしている。つまり、悪魔と天使は永遠の思想闘争をくり広げているのだ。

堕天使と異教の神と……

そんな西方世界の悪魔たちは、どこからやってきたのだろうか？

本書であつかっている西方世界の悪魔たちの出自は、大きくわけてふたつある。

ひとつは、かつては天使として神の下で「善」のために働いていたものが、神に反逆し、「悪」を信奉する堕天使＝悪魔となったもの。もうひとつは、もとはユダヤ＝キリスト教以外の、別の宗教の神が、勢力を拡大していったユダヤ＝キリスト教によって悪魔とされるようになったものである。

ところで、先に「悪魔は善と対立する存在」と述べたが、当然、その「善」や「悪」は、ユダヤ＝キリスト教にとっての「善悪」にすぎない。もとは異教の神であったものたちは、その異教の神を信奉する人々にとっては、本来「善」であった。宗教の歴史を眺めると、「善悪」は相対的なものである。

ダンテの描いた九階層の地獄

さて、西方世界の悪魔たちが、どんな世界に住み、どんな構成となっているかだが、じつはこれには定説というものはない。悪魔たちには侯爵や伯爵といった階級がついていることが多い。

しかし、その序列の全体像は明らかではない。

ダンテの地獄

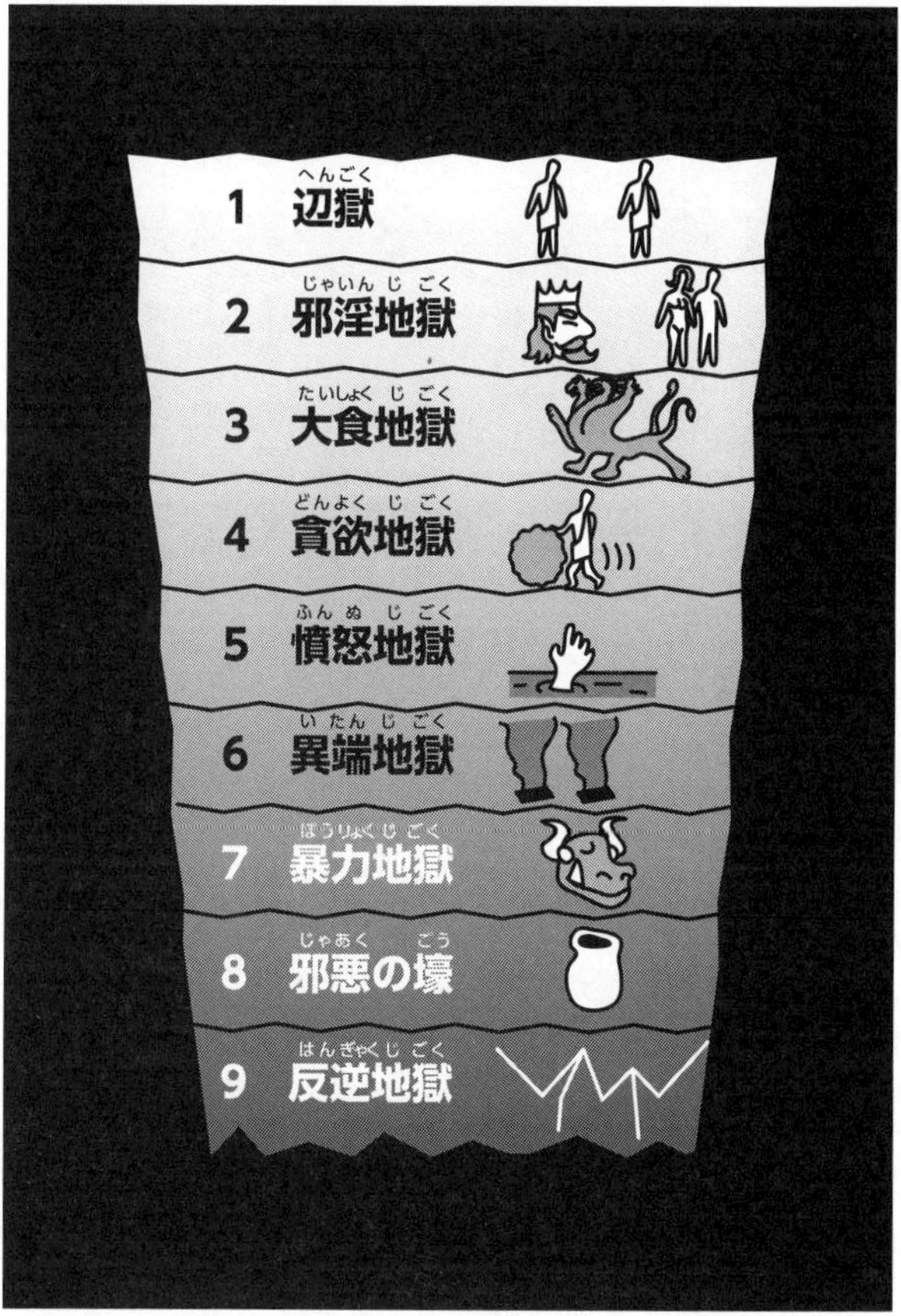

1 辺獄《へんごく》
2 邪淫《じゃいん》地《じ》獄《ごく》
3 大食《たいしょく》地《じ》獄《ごく》
4 貪欲《どんよく》地《じ》獄《ごく》
5 憤怒《ふんぬ》地《じ》獄《ごく》
6 異端《いたん》地《じ》獄《ごく》
7 暴力《ぼうりょく》地《じ》獄《ごく》
8 邪悪《じゃあく》の壕《ごう》
9 反逆《はんぎゃく》地《じ》獄《ごく》

悪魔たちが生息しているといわれる地獄も、人によってずいぶんと違うイメージで語られる。だが、現在のわれわれが想像する「地獄」に強い影響を与えたのは、ダンテが『神曲』のなかで描いた九階層の地獄だろう。

ダンテの地獄は、地上から地下に向かって、円錐《えんすい》形を逆さまにしたような構造となっており、その各階層は以下のようにわかれる。

第一階層は「辺獄《へんごく》」と呼ばれ、洗礼を受けていないが徳の高い異教徒が、第二階層は「邪淫地獄《じゃいんじごく》」で、色欲に溺れたものが、第三階層は「大食地獄《たいしょくじごく》」で、暴飲暴食にふけったものがいる。

また、第四階層は「貪欲地獄《どんよくじごく》」で、浪費家たちが、第五階層は「憤怒地獄《ふんぬじごく》」で、怒りの感情を抑えられなかったものたちが、第六階層は「異端地獄《いたんじごく》」で、キリスト教徒以外の異教徒すべてが住む。

さらに、第七階層は「暴力地獄《ぼうりょくじごく》」で、自殺者と他人に害を与えたものが、第八階層は「邪悪《じゃあく》の壕《ごう》」で、あらゆる罪悪を犯したものが、十種の罪にわけられ、十種の罰を受けている。そして、最下層の第九階層は「反逆地獄《はんぎゃくじごく》」で、魔王ルシファーが氷づけとなっている。

現代にも生きのびる悪魔たち

ダンテの『神曲』は十四世紀の作品だが、二十一世紀の現代でも、悪魔たちはさまざまな文芸作品や映画などの題材となっている。それどころか現代では、天使よりも悪魔のほうが人気が高いかもしれない。やはりこれは、「悪」のもつ魅力ゆえであろうか。

いや、前に書いたように、「善悪」は相対的なものだ。悪魔が「悪」であるかを決めるのは、読者にゆだねたい。

ルシファー——神にもっとも近づき、それゆえ翼を折られしもの

神に逆らって天から落とされ、地獄の主となった堕天使。

ラテン語でルシファー（lucifer）とは、「炎を運ぶ者」、「光を運ぶ者」、あるいは「暁《あかつき》の子」、

「暁の星」の意味である。また、ヘブライ語ではルシファーをヘレル・ベン・サハル、「暁の輝ける子」という。

十二枚の翼をもった美しい天使の姿で知られており、人間の前に姿を現わすときは美少年の姿で現われるともいわれている。地獄に落ちたあとは醜い姿になったという説もあるが、もとは美しい姿であったのはまちがいないだろう。

傲慢の罪により地に落ちた、「暁の輝ける子」

ルシファーは、あまりに有名な存在であるがゆえに、さまざまな逸話をもっているが、通説となっているのは、次のような物語だ。大天使ミカエルと双子の兄弟であったともいわれているルシファーは、かつては天界においてミカエルよりも上位に位置し、多くの天使たちを率いる、神

にもっとも近い地位にいる天使であった。しかしあるとき、己《おのれ》が神よりも偉いと思い、神の座を奪おうと天に戦いを挑む。ルシファーと彼に従う反逆天使の軍団と、大天使ミカエルに率いられた天使の軍団のあいだに激しい戦いが起こるが、長き戦いの果てにルシファーは敗北。その結果、天から地に投げ落とされ、地獄の主となったのである。この物語により、ルシファーの名は「傲《ごう》慢《まん》」と同義とされるようになった。

だが、ルシファーが堕天した理由には別の伝説もある。ある伝説では、ルシファーは、神が天使たちより人間たちを上位に置いたことに嫉《しっ》妬《と》して反逆したともいわれている。

また、まったく別の言い伝えでは、無知の状態にあった人間たちに、神の叡《えい》智《ち》である「光」をもたらすために、みずからの意志で天から降りたともいわれている。これは、「光の運び手」という名の意味からも納得のいく話だ。

とはいえ、人間に光を与えることが良いことなのかは、人によって評価のわかれるところだろう。知恵の光は人間の罪のはじまりであり、神は人間が無知な、あるいは無《む》垢《く》な状態にいることを喜ぶ。それゆえ、楽園で暮らしていたイヴを誘惑し、知恵の木の実を食べさせた悪魔が、ルシファーであるという説も生まれたのである。

サタンの正体はルシファーなのか?

天界にいたころの地位の高さから、天から落ちたあとは、地獄の主とされたルシファーだが、そのことにより、ルシファーと悪魔の王とされるサタンを同一の存在とする見方が、後世では一般に流布されることになった。

しかし、これは誤解であるとの説もある。誤解の原因となったのは、旧約聖書『イザヤ書』第十四章にある一節、「ああ、お前は天から落ちた明けの明星、曙の子よ。お前は地に投げ落とされた。もろもろの国を倒したものよ。かつて、お前は心に思った。『私は天にのぼり、玉座を神の星よりも高く据え、神々の集う北の果ての山に座し、雲の頂にのぼって、いと高きもののようになろう』と。しかし、お前は冥界《めいかい》に落とされた。墓穴の底に」という文章である。

これが、新約聖書『黙示録《もくしろく》』の一文、「巨大な龍、年をへた蛇、悪魔やサタンの名で呼ばれるもの、この人類を惑わすものは地に投げ落とされた」と混同されたことからきている。だが、『イザヤ書』に出てくる「曙の子」とは、天使ルシファーのことではなく、じつは古代のバビロン王を指しているらしい。となると、悪魔たちの王と称されるサタンの正体は、いったい何者なのかということになるが、それは後述するサタンの項目（194ページ）でくわしく述べたい。

バール

勇猛苛烈な地獄の戦闘王

バエルという異名でも知られるこの悪魔は、「東の軍勢を率いる王」とも、「地獄の最初の君主」とも呼ばれている。

また、地獄の大公爵と呼ばれることもある。

これらの呼称からもわかるように、バールは、無数の悪魔たちを支配する首領であり、地獄のなかでも、もっとも強大な勢力を誇るもののひとりだ。六十六の軍団を指揮し、戦いにおいては勇猛苛烈《ゆうもうかれつ》な統率者であるといわれている。

その姿は、猫とヒキ蛙《がえる》と人間の三つの頭をもった男として伝えられているが、王冠をかぶった人間の頭をもつ巨大な蜘蛛《くも》だという説もある。

バールの声はしわがれており、自分と契約を結んだ人間に、すべてを見通す力と、あらゆることに関する知恵を授ける。あるいは魔術全般、とくに必要に応じて透明になる方法を教えてくれるという伝承も存在する。

ローマの侵略者、ハンニバルの代名詞

そんな地獄の王のひとりであるバールの名前の意味は、「王」であり、「犠牲」である。だが、古代においては、バールの名をもつ神、もしくは悪魔が複数いたといわれている。

たとえば、後述する悪魔ベルゼブブ（180ページ）は「蠅《はえ》の王」と呼ばれているが、本来は、バール・ゼブブであったかもしれないのだ。あるいは、これも後述する悪魔ベルフェゴール（220ページ）の頭文字もまた、バールの呼称が変化したものなのかもしれない。これ以外にも、名前にバール（バル）、ないしはベルの音をもつ悪魔の数は多い。

また、歴史上の人物にも、バールの名をもつものがいる。

アルプス山脈を越えてイタリア半島に侵入し、ローマの大軍を破ったことで名高い、古代カルタゴの将軍ハンニバル（紀元前二四七～一八三）が、それだ。

彼の名は、「恵みの王」、あるいは「王の恵み」という意味である。このハンニバルの戦場における勇猛さ、残虐さは、侵略されたローマ人たちの心に強く残った。

そして、のちにヨーロッパ全土に、残忍な大悪魔バールのイメージを増幅しながら広げていったのかもしれない。

名前の意味のもうひとつの側面である「犠牲」に関連したことでは、バールは生贄《いけにえ》を要求したとも伝えられている。本来、バールはセム族に信仰されている豊穣《ほうじょう》神であったが、その豊穣を祈る祝祭の場において生贄が捧げられたのであろう。

旧約聖書『エレミヤ書』第十九章によれば、「彼ら（セム族）はバールのために聖なる高台を築き、息子たちを火で焼き、〝焼きつくす捧げ物〟としてバールに捧げた」とある。

両性具有の異教の神であり、女悪魔の夫

悪魔とされるようになってからと同様、セム族の神であったころのバールもまた、戦闘的な性格をもっている。

神であるバールが、海を支配していた「混沌《カオス》」に対して、「追放する者」という名の稲妻をぶつけて打ち倒し、人間の手に海を渡したという伝説が残されているのだ。この、神としてのバールは、矛《ほこ》を右手で振りかざし、稲妻を左手に握る戦士の姿で知られている。

ところで、悪魔としてのバールは、女性の悪魔であるアスタロト（186ページ）の夫であるという説がある。だが、アスタロトには女性としての面と、男性としての面があり、それゆえ、バールもまた両性具有の存在であるとも考えられているが、その真偽のほどは定かではない。

ベルゼブブ――人間に悪魔を信仰させる「蝿の王」

「蝿《はえ》の王」と呼ばれるベルゼブブは、多くの悪魔たちと魔物たちを支配する、地獄の君主のひとりである。その地位は、サタンの次に高位であるとされ、十六の悪魔の指揮官ともいわれている。新約聖書『マタイ伝福音書』においては、「悪魔たちの皇帝」とされている。また、「セラフィムの君主にして、ルシファーに次ぐ者」という言葉に見られるように、堕天使であるという意見も存在する。

そしてベルゼブブは、誘惑するものである。人間に悪魔を信仰させ、聖職者の性的欲望を刺激し、争いをそそのかし、嫉妬《しっと》心を生み出す悪魔なのだ。

名前の由来は、ヘブライ語のベルゼブル「高所の神」が転化し、「糞山《ふんやま》の神」という意味のベルゼブブとなったという説が有力だ。

そんな「蝿の王」の呼称にふさわしく、ベルゼブブの姿かたちは、巨大な蝿としての姿が有名だが、ときとして、叡智《えいち》にあふれた、ほこり高き王の姿で描かれることもある。

ソロモン王やイエス・キリストとも戦う

「高所の神」が「糞山の神」に転じたことからもわかるように、もともとベルゼブブは、カナンの地で信仰されていた神であった。さらにいえば、かつては「蠅を殺す神」だったのである。それが、時代をへるにつれて悪魔である「蠅の王」に変化していったのだ。

それほど古い起源をもつ悪魔だけあって、ベルゼブブと人間のかかわりの歴史は長い。たとえば、古代ユダヤのソロモン王は、魔法の指輪を使ってベルゼブブを呼び出して捕らえ、服従させたとの伝説が残っている。捕らえられたベルゼブブは、ソロモン王から「すべての悪魔を出してみろ」と命令され、それを約束したという。

また、捕らえられたベルゼブブは、「自由になりたければ、天国の秘密を教えろ」とソロモン王に迫られて秘密を教えたのだが、王はその内容を信じず、ベルゼブブの身柄を離さなかったとの伝説も残っている。

ソロモン王のほかに、もうひとり、ベルゼブブとかかわりの深いものを挙げるとすれば、やはりイエス・キリストだろう。イエスが悪魔を追い払う奇蹟を行なったにもかかわらず、パリサイ人たちはそれを信じようとはしなかった。逆に、彼こそが悪魔ベルゼブブにとり憑《つ》かれていると疑ったという逸話が、いくつかの福音書に書き記されている。

その疑いに対してイエスは、「どうしてサタンがサタンを追い出せよう。国が内輪もめして争えば、その国は成り立たない。同じようにサタンが内輪もめして争えば、立ちゆかず、滅びてしまう」(『マルコによる福音書』第三章)といって反論したという。

あるいは、新約聖書外典『ニコデモ福音書』には、ベルゼブブがイエスを冥府《めいふ》に閉じ込めようとするが、結局、失敗するという逸話が書き記されている。

現代にまで続く不滅の影響

紀元前のソロモン王やイエス・キリストの時代から遠く離れた中世においても、ベルゼブブは人間と敵対し続けた。

たとえば、十二世紀イタリアの聖人フランチェスコは、ベルゼブブと戦ったといわれている。

また、十六世紀フランスで少女にとり憑いたという記録も残されている。十七世紀前半に起こった修道女たちの悪魔憑き事件の原因も、ベルゼブブにあるとされた。二十世紀に入っても、ベルゼブブにとり憑かれたという事件は報告されている。

まさに、人間の歴史とともに歩み続けている、不滅の悪魔といえよう。

アスモデウス――人間の娘に恋をした、嫉妬深きもの

夫が不貞を働くようにしむける

人間の色欲や嫉妬《しっと》をあやつり、夫婦の仲を疎遠にし、夫が不貞を働くようにしむける悪魔。また、破壊と復讐《ふくしゅう》の悪魔とも呼ばれている。地獄の王たちのなかでも上位階級に位置し、七十二の軍団を統率しているともいわれる有力者である。

アスモデウスの出自には異説が多い。ある説によれば、かつてアスモデウスは熾天使《してんし》の君主であったが、堕落して、洗礼者ヨハネの敵となったという。また、女性の悪魔であるリリス（204ページ）とアダムのあいだの子どもとの説もある。

人々によく知られているアスモデウスの姿は、つねにドラゴンにのり、雄牛と人間と牡羊の三つの顔と、雄鶏《おんどり》の足に蛇の尾をもった王様といったものだ。アスモデウスの手には軍旗と槍が握られているというものもいる。

このアスモデウスと契約を結んだ人間は、幾何学から算術、天文学、工芸術まで、あらゆる知識を得ることができ、また、隠された財宝を見つけることができると伝えられている。しかし、

アスモデウスの頭部の雄牛と人間と牡羊は、性に貪欲な動物だといわれている

そのことに成功したものは多くはない。
古代ユダヤの王ソロモンは、その数少ない成功者のうちのひとりだ。自分の王位を奪おうとしたアスモデウスを、逆に鉄枷《てつかせ》をはめて捕らえ、エルサレム宮殿を建設させたとの言い伝えが残されている。
情欲の悪魔としてのアスモデウスの逸話は、旧約聖書外典『トビト書』に出てくる。
ある若い娘に執着を覚えたアスモデウスは、彼女の夫となるべき男を次つぎと殺していったという。だが、最後には、魚の胆汁《たんじゅう》の煙で追い払われ、天使ラフェルによってエジプトの果てに幽閉されたと伝えられる。

アスタロト――怠惰に耽る、「西方を支配するもの」

毒の息を吐く堕天使か、月の女神か

アスタロトは、まったく異なるふたつの顔をもった悪魔だ。ひとつは、怠惰と不精を推奨する悪魔である。もうひとつは、四十の軍団を指揮する地獄の大公爵で、「西方を支配するもの」とも称される、もと座天使の君主としてのアスタロトである。

この堕天使が地上に現われるときは、ドラゴンにまたがり、片手に毒蛇を握りしめた姿をしているといわれている。隠された宝物の管理人とも呼ばれ、契約を結んだ人間に対して、すべての過去と未来の知識を与えてくれる。このとき人間は、アスタロトの吐く毒のまじった臭い息を絶対に吸ってはいけないとされている。

また、召喚は水曜日に限られているという伝承や、聖バルトマイと対立したという伝承も残されている。

だが、今挙げたような恐ろしい堕天使の姿と大きく違ったアスタロトも存在しているのである。アスタロトは、アストレトやアシュタロスといった異称をもっている。

ドラゴンにまたがり、手に毒蛇を握りしめた、「西方を支配する者」アスタロト

その場合は、「三日月の角を持った女神」ともいわれる、月と深い関係をもった美しい女性の姿をしているのだ。

これは、アスタロトの原型が、セム族に信仰されていた豊穣《ほうじょう》の女神アシュタルトからきているからであろう。そして、女性としてのアスタロトは、バールの項（176ページ）でもふれたように、バールの妻であるという説もある。

一説には、アスタロトは「醜い天使」と「美しい天使」のふたつの姿をもっているといわれている。この分裂こそが、アスタロトの二面性をよく表わしているのかもしれない。

アモン──口から火を噴く、フクロウ頭の仲裁者

悪魔らしい外見に似合わず、ときに人に恩恵をもたらす

屈強をほこる地獄の侯爵。過去と未来を見ることができ、すぐれた詩をつくる。ときとして望むものに愛を獲得させ、仲たがいした友人の仲裁も買って出るともいわれている。そのことだけをとりあげれば、あまり悪魔らしくない悪魔である。

だが、アモンの外見は、まさしく悪魔としかいいようがない。巨大な鳥、あるいはフクロウの頭部を備えた人間の姿をしているのである。あるいは、鋭い歯をもったフクロウの頭部、狼の体、蛇の尾をもっているともいわれ、また一方では、アモンは蛇の頭をもった狼の姿をしているというものもいる。どちらにせよ、怪物的な姿であろう。

アモンの特徴として、口から火を噴くということが、さまざまな言い伝えにより残されている。そして、頼まれれば人間の姿になることもできるといわれるが、その場合、人間になれるのは胴体だけらしい。

この、悪魔とは思えない能力と、非常に悪魔らしい外見との落差は、悪魔アモンの原型が、エ

恐ろしげな外見に似合わない能力をもった、地獄の侯爵アモン

ジプトで信仰された最高神アメンからきているからなのかもしれない。

エジプトにおけるアメン神は怪物的な姿はしておらず、青い肌をした人間の姿として伝えられている。

それが西方世界に知られるにつれ、恐ろしげな姿に変化していったのであろう。

こういった異国の神が西洋に入ってきたときに、悪魔となっていくプロセスは、よくある話である。

もっとも、現代では、悪魔アモンがエジプト起源であることを証明する痕跡《こんせき》は残されてはいないのだが……。

インクブス／スクブス――人間と交わり子を成す、異形のもの

真夜中に寝室に忍び込み、勝手に子づくり

インクブスはインキュバスとも呼ばれ、眠っている人間の女と交わって妊娠させ、悪魔を産ませるという。名前の意味は「悪夢」であり、ラテン語のincubo「横たわる」が語源だ。その姿は醜悪で、体の小さな半獣半人のような姿で表わされることが多い。

このインクスブスの女性版が、スクブス（ないしはサキュバス）だ。スクブスは眠っている人間の男と交わって、精を盗むのである。

その盗んだ精は、インクブスが女性の体内に注ぐとも、スクブス自身が悪魔を産むために使うともいわれている。

なお、インクブスとスクブスの関係は曖昧《あいまい》だ。

両者は同じものであり、相手の人間の性別によって姿を変えるという説もあるが、別べつの存在という説も存在している。ただこの両者は共通して、「夢魔」、あるいは「淫夢魔《いんむま》」という通称で人々に知られているのである。

寝苦しい夜、まぶたを開けば、胸の上にうずくまるインクブスが見える?

インクブスは、魔女たちの使い魔になることもあると伝えられているように、それほど大物の悪魔というわけではない。

しかし、人間の日常の陰に潜む悪魔であるから、インクブスやスクブスが起こしたとされる事件の記録は数多く残されている。

たとえばその昔、古代エジプトの蹄鉄工《ていてっこう》が、深夜訪ねてきたスクブスに、焼けた鉄を投げつけて追いかえしたという逸話が伝えられている。

また、十七世紀、スコットランドの貴族の娘が、インクブスとの関係をもち、醜悪な怪物を出産したが、親族たちの手によって赤子は秘密裏に処分されたという事件も、ある修道士によって報告されている。

カイム

すべての言語を習得し、抜群の弁舌をもつ鶫

マルティン・ルターとも論争した詭弁家

鶫《つぐみ》の姿をし、鳥の言語と鳥の知識をもった悪魔。鳥の言語とは、秘教の奥義を伝授されたものの言葉であるという。

人間の姿になることもできるが、その際は細いサーベルを持ち、羽飾りをかぶり、孔雀《くじゃく》の尾をつけた姿で、燃えさかる炎のなかから現われるという。

カイムは、鳥の言語にかぎらず、世界各国の言語、さらには牛のうなり声から犬の遠吠えといった動物たちの言語、はては波の音が語る意味まで、すべての言語に通じている。カイムと契約を結んだ人間は、ありとあらゆる言語を教えてもらえるといわれている。

また、言語に通じているだけでなく、その言語を駆使した、詭弁《きべん》、論争などにも抜群の才をもっている。

地獄において三十の軍団の統率者であるとの説もあるが、やはりカイムは武力ではなく、弁舌で戦うことを得意とする悪魔なのである。

宗教改革者と悪魔のあいだで交わされた神学論争の内容は興味深い

宗教改革で有名なドイツのマルティン・ルター（一四八三〜一五四六）は、たびたび悪魔と論争したことがあるとみずからいっているが、その論争相手は、このカイムであったらしい。

ところで、鶇の一種に虎鶇《とらつぐみ》という鳥がいる。これは余談だが、日本の伝説上の怪物である鵺《ぬえ》は、頭は猿、手足は虎、体は狸《たぬき》、尾は蛇、そして声は虎鶇といわれているのだ。

起源は違うだろうが、東西を通して鶇と悪魔的なるものが結びつけられている点は、おもしろい偶然である。

それほどまでに鶇の鳴き声は、人を不安にさせるのであろうか。

サタン
奈落に封じこめられし、謎の支配者

悪魔たちを統べる王の正体は、いまだ不明？

ヘブライ語で「敵」、「反対すること」の意味をもつshatanaを語源とするサタンは、地獄の支配者であり、すべての悪魔を統べる王であるといわれている。

だが、そのサタンとは何者なのかということになると、異なる意見があまりにも多くあり、真実を見極めるのは、はなはだ困難なこととなっている。

あるものはルシファーこそがサタンの正体であるといい、また、あるものはベルゼブブこそがサタンの正体であるという。さらに、サマエルこそがサタンの正体であるというものもいるといったありさまなのだ。

また、逆にサタンという名前の悪魔がいるのだという説もある。そして、まったく別の見かたとしては、サタンは固有の悪魔の名前ではなく、悪魔たちの統率者を表わす、階級の名前であるという説も存在しているのである。

これらの混乱に拍車をかけるのは、サタンの「敵」という名前の解釈についてだ。

地獄の業火のなかに浮かび上がる巨大な影。その正体を知るものはいない

それは、「神の敵」なのか、「人間の敵」なのかという問題である。

サタンに対する最大公約数的なイメージは、堕天使であり、神に反逆するものであるから、一般的には「神の敵」ということになる。

しかし、旧約聖書『民数記《みんすうき》』、同『ヨブ記』に登場する、サタンと名乗る存在は、神の意志に従って人間に試練を与える。つまり、ある意味、神の協力者なのだ。

この場合、サタンの名前の意味は、ただ「人間の敵」というだけの性格が強くなるだろう。

今後も、サタンの正体については、議論が続くものと思われる。

ダゴン——英雄に敗れた、異境の半魚人

信者たちを殺され、神の座から悪魔へとすべり落ちる

古代の秘伝を伝える魚人。ヘブライ語のダグ（dag＝魚）とアオン（aon＝偶像）が名前の由来である。その名のとおり、人間の上半身と魚の下半身をもっている。

ダゴンはもともと、ペリシテ人の信仰する漁業と農業の神であった。だが、ペリシテ人と対立していたユダヤの民に敗れ、神の座からすべり落ちて悪魔となったのである。その経緯は、サムソンとデリラの物語として知られる、旧約聖書『士師記《ししき》』にくわしい。

『士師記』によれば、ユダヤの女性と天使のあいだに生まれたサムソンは、ライオンをひき裂き、ロバの顎《あご》の骨でペリシテ人を千人うち殺すほどの怪力をほこる英雄であった。

このサムソンの力の源は、彼の髪の毛にあり、その髪を剃られさえしなければ、力を失うことはなかった。

だが、サムソンはペリシテ人の美女デリラに恋をしてしまい、彼女に力の秘密を知られてしまう。そして、髪を剃られ、怪力を失ったサムソンは、ペリシテ人たちに捕まり、両目をえぐられ

ペリシテ人の信仰した魚人ダゴン。今も地上世界への復権の機会をうかがう

て牢につながれてしまうのである。

やがて、サムソンはダゴンの神殿で生贄《いけにえ》として捧げられることとなり、牢から引き出された。

しかし、牢暮らしのあいだにサムソンの髪はふたたび伸びており、怪力も復活していた。彼はみずからの命とひきかえに、神殿の柱を倒し、ダゴンの信者たちを神殿の下敷きにする。

多くの信者を失ったダゴンは神としての力も失い、悪魔となったのである。

神殿崩壊後、ダゴンはユダヤの神ヤハウェにより地下世界に幽閉されたが、今でも復権の機会をうかがっていると言い伝えられている。

ベリアル――優雅な物腰で、あらゆるものをあざむく「無価値なもの」

ソドムとゴモラの町を滅ぼした、悪徳を愛するもの

堕天した力天使《りきてんし》で、人間を裏切りと無謀と嘘に導くもの。ルシファーの次につくられた天使ともいわれる。多くの天使を神への反逆に引き込んで堕天させた張本人との説があるとともに、彼ほど淫靡《いんび》なものはなく、彼ほど悪徳のための悪徳を愛するものはいないと称されている。

名前の意味は、ヘブライ語の「beliya'al」（＝無価値なもの）からきており、己《おのれ》とともに堕天した力天使からなる八十の軍団を率いる地獄の君主のひとりでもある。

ベリアルは、炎の戦車にのった美しい天使として、人間の前に現われるという。耳に心地よい声でしゃべり、優雅な物腰と威厳のある態度で、人々に高位高官を約束する。だが、ベリアルは、あらゆるものをあざむくことを喜びとしており、その約束は少しもあてにはならない。

また、報酬として生贄《いけにえ》を要求するとの説もある。

そんなベリアルの、「悪徳を愛する者」の名にふさわしい逸話の数は多い。

炎の戦車をあやつり、人間たちを堕落に導く、「悪徳を愛するもの」ベリアル

たとえば、この堕天使が、ソドムとゴモラの町に乱れた性を蔓延《まんえん》させ、その結果、神の怒りにふれ、硫黄と火によって町が壊滅したという物語が、旧約聖書『創世記』に記されている。

また、紀元前七世紀ごろ、南のユダヤ人の国、ユダ王国のマナセ王にとり憑《つ》き、王国を自分のものにしたとの伝承も存在しているのだ。

だが、さすがのベリアルも、伝説の魔法王ソロモンには敵《かな》わなかったらしい。ベリアルと彼の全軍団である五十二万二千二百八十人の悪魔は、ソロモンによって、ひとつのビンのなかに閉じこめられてしまったとの言い伝えが残されている。

メフィストフェレス——サタンの代役も務める、地獄の道化師

凄惨な結末を迎える、もうひとつのファウスト物語

冷淡な皮肉屋で、辛辣《しんらつ》な道化師じみた悪魔。地獄の七大支配者のうちのひとりとも、サタンの代役を務めるものともいわれている。ヘブライ語やギリシア語の「光を愛さない」という意味の言葉が名前の由来と思われる。

この悪魔は、十六世紀に実在したとされ、魔術師であり錬金術師、さらに占星術師でもあるヨハン・ファウスト（一四八八～一五三八？）博士の伝説により、人々に知られるようになった。ファウストの物語は、戯曲、詩、オペラなど、多くの文芸作品であつかわれるが、有名なのはゲーテの劇詩『ファウスト』だろう。

ゲーテの『ファウスト』は、次のような物語である。

年老いたファウスト博士は、学究の道に邁進《まいしん》していた己《おのれ》の一生を後悔し、人生をやり直そうとメフィストフェレスを呼び出し、ひとつの賭けをする。それは、ファウストがほんとうに人生に満足したとき、メフィストフェレスは博士の魂を奪えるというものであった。悪魔の力によって

地上の快楽を約束する代わりに、魂を要求する誘惑者、メフィストフェレス

若返ったファウストは、この世のあらゆる快楽を味わうこととなる。

やがて、快楽を味わい尽くしたファウストは「時よとまれ、お前は美しい」と満足を表明して死を選ぶ。

このとき、魂は天使たちによって天上に運ばれ、悪魔は魂を奪えないというのが、この劇詩の結末だ。

しかし、本来の伝説の結末は、少し違う。もとの伝説では、博士は二十四年後に魂を引き渡す契約を結ぶ。その約束の日、博士の部屋を訪れたものが、血まみれの室内に、ただふたつの目玉と歯が散乱しているのを目にするという、凄惨《せいさん》な結末を迎えているのである。

黙示録の獣——最後の審判の日に現われる、七つ頭の怪物

反キリストの数字666に隠された謎

新約聖書『黙示録《もくしろく》』（『ヨハネの黙示録』）に登場する、神と悪魔の最終戦争の際に現われる怪物じみた悪魔。『黙示録』第十七章八節には、「獣《けもの》は前に有りしも今あらず、後に底なき所より上りて滅亡に往かん」と書かれている。

その姿は、七つの頭に十の角をもち、それぞれの頭に王冠をかぶった赤いドラゴンとされているが、その頭の上には「神を穢《けが》す名」があるとも記されている。

『黙示録』は数かずの暗喩《あんゆ》に彩られており、この七つの頭というのも、歴代のローマ皇帝たちを表わしているとの説も存在する。

そして黙示録の獣は、反キリストの象徴とも、偽救世主の象徴ともされ、その印として666という数字をもっているといわれている。

この謎めいた数字の解釈に、後世の人間は頭を悩ますこととなるのだが、ひとつの解釈としては、666はソラトと呼ばれる太陽の精霊を表わす、「神秘的な数字」とされるものがある。数

最後の審判の日、地上に現われ、人々を恐怖の底に叩きこむ、黙示録の獣

字と、特定の悪魔（および精霊）を結びつける発想は、悪魔学において一定の支持を得ている考えかただ。

また別の解釈では、666は、暴君として悪名高きローマ帝国第五代皇帝ネロ（三七～六八）を指しているとの説もある。その理由は、ヘブライ語のアルファベットは数字に置きかえられるのだが、その総数が666となる名前がネロだからというのだ。

ともあれ、黙示録の獣は、『黙示録』第十九章二十節に「かくて獣は捕らえられ、偽預言者もこれとともに捕らえられたり」と記されているように、最後には滅ぶ悪魔である。

リリス――妊婦と幼女をねらう、夜の魔女

イヴの前にいた、アダム最初の妻

アダムの最初の妻であり、妊婦と幼児をねらう女性の悪魔。別名リリト。一種の吸血鬼ともみなされ、旧約聖書『イザヤ書』には「夜の魔女」と記されている。

翼と長い髪をもった夜行性の悪魔で、荒野をさまよいながら、獲物をねらっているといわれている。あるいは、フクロウに似た姿であるというものもいる。

これは余談だが、幼児を襲う鳥の姿の女性の悪魔ということでいえば、東洋に伝わる妖怪、姑《う》獲鳥《ぶめどり》との共通性は興味深いといえるだろう。

リリスがアダムと別れたのは、アダムが彼女を捨てたという説と、リリスのほうからアダムを見限ったというふたつの説が存在している。また、妻であったときに、アダムとの間にリリム（あるいはリリン）という魔物の種族を産んだともいわれている。リリムは母に似た美しい顔をもち、男性を誘惑する女の悪魔であるという。このリリムがスクブス（１９０ページ）の原型なのかもしれない。

神への復讐から、人間の幼児を襲う「夜の魔女」リリス

ある伝承によれば、リリスに去られたことを悲しんだアダムを哀れに思った神は、リリスに対して、アダムのもとに戻らなければ、彼女の子どもを毎日百人ずつ殺すと脅迫したという。

だが、それでもリリスは拒み、神からの罰を受けることとなった。その復讐《ふくしゅう》として、人間の幼児を襲うのだともいわれている。

また別の伝承によれば、リリスは、自分のあとにアダムの妻となったイヴに嫉妬《しっと》し、イヴを誘惑する蛇になったともいわれている。

ちなみに、ペルセウス座にある連星アルゴルは、占星術師たちに不吉な悪魔の星と考えられており、ヘブライではリリスと呼ばれていた。

レヴィヤタン——どんな武器も通用しない、神が認めた巨大生物

神に頭を砕かれ人々の食料となった!?

リヴァイアサンとしても知られる、水中に生息する巨大な怪物ないしは悪魔。中世以降は悪魔とされることが多くなったが、旧約聖書『ヨブ記』、同『詩篇』、同『イザヤ書』、同『ヨナ書』などでふれられている本来の姿は、巨大な怪物である。

名前の意味は、ヘブライ語で「集まって壁をなすもの」を意味しているとされる。口から火を吐き、すきまなくしきつめられた鱗《うろこ》をもつといわれるレヴィヤタンの正体は、鰐《わに》(クロコダイル)だとも鯨《くじら》だとも、あるいは海蛇だともいわれているが、水や海に関係の深い怪物であることはまちがいないようだ。

『ヨナ書』には、預言者ヨナが海でレヴィヤタンに飲みこまれ、三日間腹中で過ごすが、神が、ヨナを吐き出すように怪物に命じて助かったという逸話が記載されている。

このヨナの物語からもわかるように、レヴィヤタンは神に敵対する存在ではない。

そもそも、神が天地創造の五日目につくり出した存在なのである。そういう意味では、かなり

深海をゆく巨獣レヴィヤタン。その進行を止められるものはいない

特殊な悪魔といえるだろう。

そのあまりの巨大さから、いかなる武器も効かず、悪魔祓《ばら》いなども効果がないとされており、神みずから、最強の生物であると認めているのだ。

また、神に頭を砕かれて人々の食料となったとの言い伝えもある。

さらに、別の伝説では、神をはじめ、雄と雌の二体のレヴィヤタンをつくり出したが、海がこの怪物で埋まってしまうことを恐れ、雌のほうを殺したとも言い伝えられている。

ちなみに、この海の悪魔たるレヴィヤタンと対となる、陸の悪魔がベヘモット（219ページ）である。

アザゼル

アダムに膝を屈しなかった、ほこり高き反逆者

荒れ野に住む堕天使。二百人の堕天使の上に立つ二十七人の長のうちのひとりとも、堕天使たちが神に叛乱《はんらん》を起こしたとき、その先頭で旗をうち振ったともいわれている。

生贄《いけにえ》と関係の深い堕天使であり、山羊《やぎ》はアザゼルへの捧げ物であるとされる。

「神に力を与えられた者」という意味の名をもつアザゼルが堕天した理由は、神が天使たちに、人間であるアダムに仕えるよう命じたとき、「煙のない炎の子である天使は、塵《ちり》の子である人間に膝を屈するべきではない」といって反逆したという説や、天界の掟を破り、人間の女と結婚したからという説など、諸説が存在する。

ちなみに、アザゼルと人間のあいだに生まれたのは、貪欲《どんよく》な巨人であったという。

七つの蛇の頭、十四の顔、十二枚の翼をもっているとされるアザゼルは、男たちには剣と盾のつくりかたを教えることで、戦いに駆りたて、女たちには宝石や化粧品の使いかたを教えることで、虚栄心をもたらすと言い伝えられている。

アバドン

ラッパの音で姿を現わす、奈落の主

底なしの淵にひそむ、悪魔たちの王。邪悪や不和、戦争を司どる復讐《ふくしゅう》の女神たちを支配するといわれている。新約聖書『黙示録《もくしろく》』には、最後の審判の日、天の第五の御遣《みつか》いが吹くラッパの音とともに姿を現わすと書き記されているが、アバドンとは、悪魔の名前ではなく、地獄の一地域の名称であるとの説もある。

アバドンは、イナゴに似た姿をしているというものもいるが、馬に似た姿で、頭に金の冠をかぶっており、翼をはやし、サソリの尾をもち、顔は人間で、ライオンの歯と女の髪の毛をもっているというものもいる。このサソリの尾に刺されると、死ぬことも許されないまま、五ヶ月間も苦しみ続けると言い伝えられている。

ヘブライ語のabad（＝「彼は殺した」）が名前の由来だが、これがギリシァ語では「破壊者」と翻訳され、アポルオンという悪魔となった。アポルオンはあまりに恐ろしく醜い姿をしているため、召喚した人間でさえ、その姿を目にすると死んでしまうという。

アビゴール

戦争を熟知した、生粋の兵法家

戦況の行く末や、敵の兵員の移動先を見通し、助言してくれる悪魔。エリゴル、あるいはエリゴスという名前でも知られており、みずからも六十の軍団を指揮して戦場に赴《おもむ》く。

人間の前に現われるときは、槍と軍旗と笏《しゃく》を持った、立派な騎士の姿をしているという。

そして、あらゆる軍事的な質問に的確に答え、君主や騎士たちの望むものを調達してくれるといわれている。また、指揮官たちに、兵の心をつかむ方法を教えてくれるという言い伝えも残されている。

アビゴールは堕天使であるともいわれているが、人間たちに力を貸すときに、生贄《いけにえ》を要求するなどといった話は聞かない。徹頭徹尾《てっとうてつび》、戦争自体が好きで、己《おのれ》の軍事的な知識を披露するのが喜びなのであろう。

となれば、戦場で苦境に陥っている指揮官ならばだれでも、この悪魔の力を借りたいと願うだろう。

オセ

人間に狂気、妄想をもたらす、優美なる豹

大きな体躯《たいく》の、優美な豹《ひょう》として現われる悪魔。地獄の長官とも呼ばれている。オセは、豹の姿で現われたあと、人間の姿に変身するといわれている。また、人間に対しても、その人間の望む姿に変身させる力をもっている。

だが、変身させられた人間は、自分の姿が変わってしまっていることに気づかず、そのまま暮らし続けると言い伝えられている。

さらにこの悪魔は、人間に狂気や妄想をもたらす悪魔としても知られており、オセの魔力に囚われたものは、自分が王侯貴族になったかのような錯覚を起こすという。しかし、その妄想状態は一時間で解ける程度のものらしい。

実際は変身しているのに当人だけはそれに気づかなかったり、実際は王侯貴族でもなんでもないのに、その気にさせられてしまったりと、オセはなかなか厄介《やっかい》な存在である。

直接的な攻撃はしてこないが、人間の精神に打撃を与える悪魔といえるだろう。

オロバス

神の真実について語る、馬頭の地獄の賢者

過去、現在、未来に関する、あらゆる質問に答え、嘘を見破ることのできる悪魔。悪魔たちの王族のひとりであり、地獄の二十の軍団の支配者でもある。問いただせば、神の本質や、神が行なった世界創造の秘密についても話してくれるという。質問者に答える際、オロバスは、死者の霊を呼びだして答えさせるともいわれている。また、オロバスに頼めば、地位や栄誉が得られるとも、誘惑の魔の手から守ってもらえるとも言い伝えられている。

一般に、この悪魔が人間の前に姿を現わすときは、馬の姿をしているといわれているが、人間の胴体に馬の頭をもった姿であるというものもいる。人間の体に馬の頭といえば、東洋で信じられている地獄の獄卒《ごくそつ》、馬頭羅刹《ばとうらせつ》に近い姿といえよう。

ちなみに、オロバスの正体は堕天使であるとの説もある。彼が神の存在についてくわしいことを考えれば、それはあながちまちがっていないのかもしれない。どちらにせよ、見た目に似合わず、理知的な悪魔である。

ガープ

憎しみや愛を自在にあやつる、西の王

ゴアプ、あるいはタプと呼ばれることもある、堕天した能天使《のうてんし》。偉大なる支配者にして君主と称されることもある。

四人の王を従えた姿で現われるといわれており、ガープが人間の前に現われるときは、正午に限られているともいう。みずからと同じく、能天使から堕天した悪魔を部下にしているという説もあるが、それについての詳細は明らかではない。

人間どうしの憎しみや愛を自在にあやつる力をもち、魔術師をある場所から、遠く離れた場所へ一瞬で移動させる力をもっていると信じられている。

また、未来を予言し、人間を不可視の存在にする力をもっているとも言い伝えられている。

悪魔学においては、東西南北の方位をそれぞれ支配する「四方の悪魔」がいるという概念がある。そこでは、このガープはパイモン（227ページ）と並び、西の王であるとされている。

グレムリン

二十世紀に突如出現した、空の悪戯者

グレムリンは、本書であつかっている悪魔のなかで、もっとも特殊な存在である。なぜなら、この悪魔が人々に知られるようになったのは、二十世紀に入ってからであり、まだ百年にも満たない、短い歴史しかもっていない悪魔だからだ。最初にこの悪魔についての報告をもたらしたのは、第二次世界大戦直前、インド北西部の爆撃基地で任務についていたイギリス空軍の兵士とされている。頻発する飛行機の故障や、空での事故の原因を、悪魔のせいであるとしたのだ。

以後、「陰鬱《いんうつ》な」という意味と、童話作者の名前にひっかけた「グリム」と、ビール飲みを意味する「フレムリン」の合成語として、グレムリンと名づけられた。

この空の悪魔は、世界中の飛行機のりたちに信じられるようになっていった。考えてみれば、新しい文明の機器が発明されるたびに、それにまつわる悪魔も登場してくるのが、人間と悪魔の歴史のつねである。汽車が発明されたときは、汽車の悪魔が登場している。飛行機の悪魔がいても、少しもおかしくはないのである。

ゴグ

ローマ皇帝と悪魔の血を引く、巨人の兄弟

イギリスに伝わる巨人の悪魔。伝説によれば、ローマ皇帝ディオクレティアヌス（二四五〜三一三）の娘たちが、夫殺しの罪でブリテン島に流され、その地で悪魔の妻となり、ゴグを産んだとされている。

このゴグには、マゴクという巨人の兄弟がいたともいわれるが、明確な伝承は残されておらず、両者をあわせてゴグ・マゴク、ないしはゴーモトと呼ばれている。

ゴグとマゴクという名前は、旧約聖書『エゼキエル書』や、同『創世記』にも登場し、後世、この巨人の悪魔が反キリストの象徴とされることもあったが、実際の関係は明らかではない。あるいは、皇帝ディオクレティアヌスがキリスト教徒を弾圧した故事からの連想だろうか。

ちなみに、この巨人は、ロンドンの宮廷で衛兵として働いたという伝説もあり、十五世紀には、現在のロンドン市庁のある場所に銅像が建立されたという。この銅像は、いくたびの戦火や災害をのり越え、現在もその地に立っている。

サタナエル

天界に生まれた、イエス・キリストの兄

サタナエルは、ユダヤの古い伝承にも登場する。そこでは、堕天使であり、サタンのもうひとつの名前とされているが、この悪魔を有名にしたのは、十世紀のブルガリアに発生したキリスト教で異端とされるボゴミール派の教えだろう。その教義によれば、はるか昔、神にはイエス・キリストとサタナエルというふたりの息子がいたという。サタナエルは神の手助けをしていたが、次第に神をうらやむようになり、あるとき、天界にいる天使の三分の一を率いて、神に叛乱《はんらん》を起こした。だが叛乱は未然に防がれ、サタナエルは天を追放されて地に落とされてしまう。

そのころ地上は、まだ混沌とした世界であった。堕天したサタナエルは、ここにもうひとつの天を築こうと決意し、世界をつくりあげ、最初の人間であるアダムをもつくる。

つまり、ボゴミール派では、地上世界と人間は、堕天使によってつくられたことになっているのだ。そしてイエスは、ある意味、悪魔の子である人間の救済のために、のちのち地上に降りてくることになるのである。

バフォメット

テンプル騎士団によって崇拝された、異端の偶像

同性愛と、魔女たちの悪魔崇拝の祝祭サバトに関係するとされる悪魔。
五芒星形《ごぼうせいけい》を額に刻印された黒山羊の頭と、黒い翼をもった人間の姿で描かれることが多い。また、ひげをはやした男の頭に、女の乳房をもった胴体と翼、という奇怪な姿で表わされることもある。バフォメットの名は、イスラムの預言者マホメットの発音が変化したものと思われる。その名の由来のとおり、バフォメットは、イスラムと関係の深い悪魔であり、中近東と接触のあった人間が西洋にもたらした悪魔であろう。

事実、十二世紀のフランスにて結成された宗教的秘密結社で、十字軍の遠征に参加したテンプル騎士団は、この悪魔を信奉しているとの噂《うわさ》が高かった。

その結果、ローマ教会から異端の罪で弾圧され、騎士団は壊滅するのである。

もっとも現在では、騎士団に対するこの悪魔崇拝の嫌疑は、勢力の拡大した騎士団に危機感を抱いた、教会側の陰謀であったとされている。

ペオル

淫らな行為によって崇拝された、もうひとりのバール

別名バール＝ペオル、あるいはベル＝ペオルとも呼ばれる悪魔。死海の近隣に住み、ユダヤの民と対立していたモアブ人によって崇拝されていたという。また、四世紀の神学者ヒエロニムスは、旧約聖書『列王紀（上）』に「モアブの神である憎むべきもの」と書かれているケモシュ神も、ペオルと同一であるとしている。この名前を見ればわかるが、バールの項（176ページ）でもふれたように、数多くいるバールの名をもつ悪魔（ないしは神）のひとり。

実際、死海の北部にペオルという名前の山があり、その地で崇拝されていたと思われる。これは余談だが、このペオル山にある谷こそが、モーゼの隠された埋葬地であるという説も存在している。

ペオルの崇拝には、淫らな行為がともなっていたといわれるが、旧約聖書『民数記《みんすうき》』によれば、古代ヘブライ人が、この異教の神ペオルを崇拝した結果、二万四千人が死んだとされている。ユダヤの神の怒りにふれたのであろう。

ベヘモット

底なしの食欲をもつ、神の傑作

ベヘモス、あるいはビヒモスとも呼ばれる、暴飲暴食を司どる悪魔。また、海の怪物レヴィヤタンと対をなす、陸の怪物でもある。

その姿は、巨大な腹をもった象といわれているが、サイに似ているとも、カバに似ているともいわれていた。後世には、象頭の人間の姿をした悪魔としても知られるようになった。

本来ベヘモットは、レヴィヤタンと同じく、悪魔というよりも神につくられた怪物という性格が強い。旧約聖書『ヨブ記』第四十章では、「これこそ神の傑作」とまで記されている。性格も温厚であり、すべての野の獣が彼とたわむれたという。

ただその食欲は、毎日、千もの山にはえる干草を貪《むさぼ》り食うといわれるように、底なしだった。それゆえ時代をへるにつれ、貪欲《どんよく》を象徴する悪魔となっていったのであろう。

ちなみに、悪魔ベヘモットの、象頭の人間というイメージは、インドの象頭の神ガネーシャからきているという説も存在する。

ベルフェゴール

幸せな結婚がないことを確認した、人間嫌い

ベルフェゴールの名前は、バール＝ペオル（２１８ページ）の名が、時代をへるにつれ変化したものだとされているが、両者に関連性はほとんどなく、中世ヨーロッパに広まった奇妙な伝説によって、有名になった悪魔である。伝説によれば、あるとき地獄の悪魔たちのあいだで、地上に結婚の幸福というものが実際にあり得るのかどうかの、大論争がまきおこったという。その論争に決着をつけるために、地獄から地上に派遣されることとなったのがベルフェゴールだ。

ベルフェゴールは、地上でさまざまな人間模様を目にした結果、幸福な結婚などというものは夢物語でしかないことを確認したといわれている。

ベルフェゴールという名前は、「人間嫌い」という意味だが、これは名前の意味が先にあったのではなく、この伝説をもとにつけられたのであろう。

また、西洋には「ベルフェゴールの探求」という古いことわざもあり、これは、「不可能な企て」という意味である。結婚の幸福を見つけるなど、とうてい不可能ということだ。

マモン

強欲で金集めが得意な、誘惑者の長

人間を強欲にし、己《おのれ》自身も金銭を愛する悪魔。誘惑者の長とも呼ばれ、人によってはこのマモンを、ルシファーやベルゼブブと並ぶ地獄の実力者であるというものもいる。

地中から、さまざまな貴金属や宝石を掘り返すことを人間に教えたのは、マモンであるといわれている。また悪魔たちが地獄に宮殿を建てたとき、その床を埋めつくすほどの金銀財宝を集めたのもマモンであるといわれている。

だが本来、マモンという言葉は、シリア語の「金」や「富」といった意味の単語にすぎなかった。それが、新約聖書『マタイ伝福音書』の「神と金銭（マモン）の両方に仕えることはできない」という文言が誤解され、悪魔とみなされるようになっていったのである。

ちなみに、「四方の悪魔」のうち、東の王とされているアマイモンは、このマモンの別名であるとされている。「四方の悪魔」については、ガープの項（２１３ページ）で述べたとおりだ。

マルコシアス

謎めいた、翼ある狼

魔術師に召喚されると質問に誠実に答え、また、戦いを助けてくれる悪魔。三十の軍団を率いる地獄の侯爵とも呼ばれている。また一説には、かつては主天使《しゅてんし》（権天使《けんてんし》という説も）の地位にいた、堕天使であるともいわれている。マルコシアスの姿は、翼をもった狼《おおかみ》であり、炎を吐くと伝えられているが、グリフォン（獅子《しし》の体に鷲《わし》の翼と頭をもっているとされる伝説上の怪物）の翼と、大蛇の尾をもつ牝狼《めすおおかみ》であるという説もある。そして、人間の姿に変身することもでき、そのときは風采《ふうさい》のすぐれた騎士の姿であるとされている。

この悪魔のおもしろいところは、出自に関する詳細がいっさい伝わっていないことであろう。見かけからもわかる獰猛《どうもう》な強さだけが伝わっているのみである。それでいて、西洋ではかなり有名な悪魔なのだ。

ちなみに、マルコシアスが牝狼の姿をしているといっても、女性の悪魔であるかどうかも不明。もっとも、悪魔や天使に対して性別を問うのは、あまり意味のあることではないが。

カオウス

熱い煉瓦の上の小鬼

ギリシアのロードス島地方で信じられている、妖精じみた悪魔。人間の背中にのり、棒でたたき、自分の体を運ばせるといわれている。

また、三月二十五日に妊娠した女性からは、必ず十二月二十四日に子どもが生まれ、その子がカオウスになるといわれている。

名前には「燃やす」という意味が含まれているらしく、このカオウスを、いつも熱い煉瓦《れんが》の上にいるようだと評するものもいる。それくらい、落ち着きがないという意味であろうか。

ガルグユ

ガーゴイルの原型となった龍

セーヌ川に住み、人々を襲うといわれている悪魔的な怪物。ドラゴンの姿をしており、名前の意味はフランス語で「食道」ないしは「喉《のど》」である。

十七世紀に、フランス北部の都市ルーアンの司祭が、このガルグユと戦ったともいわれているが、これは、龍退治で有名な聖ゲオルギウス伝説の焼き直しであろう。

ちなみに、西洋の建築物の屋根などに飾られているガーゴイルと呼ばれる奇怪な悪魔の石像は、このガルグユが語源となっているらしい。

グザファン

天国に放火した叛逆天使

天国を焼きはらおうとした堕天使。

ルシファーが神に謀反《むほん》を起こしたとき賛同し、天に火をつけることを叛逆《はんぎゃく》天使たちに提案した。

グザファンは、創意工夫の才で知られており、放火の計画もうまくいくかと思われたが、結局、謀反は失敗。

グザファンも、そのほかの叛逆天使たちと同様に、地獄に落とされることになる。

だが地獄に落ちてからの彼は、地獄の釜《かま》のふいご吹きになったという。とことん、火遊び好きな堕天使である。

サブナク

医者いらずか？　医者泣かせか？

サブラク、サルマクとしても知られる、築城術の知識をもつ悪魔。

地獄の大公爵とも呼ばれ、獅子《しし》の頭をもっている。青白い馬にのり、完全武装の兵士の姿をしているという。

その知識を使い、とくに塔の建設が巧みであるとされている。

また、人間を石にする力を有するというものもいる。さらには、傷を治癒《ちゆ》する力をもっているともいわれる。だが、これには相反する意見もあり、絶対に治らない傷をつけるという説もある。

シュトリ

女性の敵ナンバーワン

愛と情欲を支配する悪魔。シトリやビドリとも呼ばれる。

さまざまな動物の頭をもった、翼のはえた人間の姿をしているといわれるが、グリフォンの翼をはやした豹《ひょう》の姿をしているという説もある。

また、人間の姿に変身することもでき、そのときは美しい青年の姿になるという。

シュトリを召喚したものは、どんな女性でも望みのまま、一糸まとわぬ状態で出してもらえ、さらにその女性を自由にできるといわれている。

デカラビア

無生物の姿をした異形の悪魔

多くの悪魔たちが、動物や人間、あるいはそれらの合体した怪物の姿をしているのにくらべ、デカラビアは特異な姿をしているといえよう。この悪魔は、魔方陣のなかに呼び出されたとき、ただ、五芒星形《ごぼうせいけい》の星の姿で現われるのである。

三十の軍勢を指揮する地獄の侯爵だとも、堕天使ともいわれる。

召喚者に、魔法の鳥を使い魔として与えるともいわれているが、このあまりに異形な姿の前には、それらの特徴も影が薄いといわざるを得ない。

デモゴルゴーン

禁じられた名前をもつ悪魔

地獄の軍勢の指揮官として恐ろしさは知れわたっているが、その実体はだれにも知られていない悪魔。

デモゴルゴーンという名も、仮の名前のようなものであり、この悪魔のほんとうの名前を口にすることは禁じられているという。ちなみに、デモゴルゴーンの「gor gon」は、ギリシャ語で「恐ろしいもの」という意味である。

ギリシア神話に登場する、見たものを石にするといわれる魔物ゴルゴンと関係のある悪魔であろうか。

ナベリウス

地獄の番犬から、論理学の鴉へ

論理学や修辞学を教えてくれる悪魔。失った名誉や愛を取りもどしてくれるともいわれ、十九の軍団を指揮する地獄の侯爵でもある。

このナベリウスは、ケルベロス、ケレプス、ケレベルスといった別名でも知られているが、ケルベロスは本来、ギリシア神話に登場する三つの頭をもった地獄の番犬のことである。

だが、悪魔ナベリウスは犬ではなく、雄鶏《おんどり》、あるいは鴉《からす》の姿で出現し、魔方陣のまわりをはばたくといわれている。

パイモン

ルシファーの忠実なしもべ

芸術と科学に通じた堕天使。堕天する前は、主天使《しゅてんし》の階級に属していたとされている。ルシファーに忠実なものとも呼ばれているが、ルシファーの側近には、ほかに、バティン、バルマという堕天使が存在している。

人間の前に姿を現わすときは、ラクダにのり、臣下にとりまかれたやさしい顔つきの王の姿であるという。また驚くほど声が大きいともいわれている。

ガープと同じく、「四方の悪魔」のうち、西の王でもある。

バルバドス

財宝探しに必死な狩人

隠された財宝を見つける悪魔。人間どうしのいさかいを調停する力と、生き物すべての声を理解する力をもち、過去と未来に精通しているともいわれている。

三十の軍団を率いる地獄の伯爵と称され、堕天した力天使《りきてんし》との説もある。

その姿は弓を携えた狩人《かりゅうど》とされているが、黄道十二宮《こうどうじゅうにきゅう》のうち、人馬宮《じんばきゅう》（射手座）の方位に太陽があるとき、高貴な四人の王と三隊の軍を引きつれて現われるというものもいる。

バルベリト

人間と悪魔の契約の認証者

人間を殺人と冒涜《ぼうとく》に誘惑する悪魔。別名、バール・ベリト。つまり、この悪魔も、数多きバールの眷族《けんぞく》のひとりということになるだろう。

また、堕天した智天使《ちてんし》の君主であったという説もある。

地獄の記録保管室の看守といわれる。さらに、地獄の儀典長と大神官を務め、人間と悪魔の契約の認証を行なう悪魔であるともいわれている。

人間の前に現われるときは、王冠をかぶり、馬にのった姿であるという。

ビコルン

男の愚痴から生まれた怪物

中世の悪魔学の文献で散見される、正体不明の牝《めす》の獣《けもの》。不死といわれる夫の肉を喰らい、こえ太るといわれている。

これと逆の存在に、チェチェバチェと呼ばれる怪物もいる。こちらは「やせた牝《め》牛《うし》」であり、善良な女性の肉を食べて生きているといわれる。女性には善良なるものが少ないからこの怪物は、やせているのだという寓意《ぐうい》だ。

ビコルンにしろ、チェチェバチェにしろ、女性不信に悩む男の愚痴《ぐち》が生んだような悪魔といえよう。

ビフロンス

墓の上の蝋燭に火をともすもの

魔法の力をもった薬草や石の知識を与えてくれる人間の役に立つ悪魔。また、占星術にも精通している。

死人の体を墓から取り出して、ほかの場所に移したり、墓の上の蝋燭《ろうそく》に火をともしたりするともいわれている。

悪魔たちの二十六の軍団の長であり、地獄の伯爵と呼ばれているビフロンスは、基本的には恐ろしい魔物の姿をしている。

しかし、頼まれれば人の姿になることもできると言い伝えられている。

ブネ

死の呪文をあやつる、三つ首の長

死の呪文をあやつる悪魔。会話の能力や、智恵の獲得にすぐれているともいわれる、三十の悪魔の軍団を指揮する地獄の侯爵である。

その姿は、人間とグリフォンと犬の三つの頭をもったドラゴンであるとされている。

一説には、ブネはブニと呼ばれるおびただしい数の魔物を支配しているのだという。

このブニは凶悪な存在だが、魔法によって使いこなせれば、未来を予見する力を得られるとのことである。

フラウロス

悪魔をもって悪魔を制す

ほかの悪魔に対抗するために助力してくれる悪魔。己《おのれ》を召喚したものの敵を、炎で焼きつくすといわれている。

召喚されると豹《ひょう》の姿で現われるとの言い伝えはオセと同じだが、両者はまったく別の悪魔である。

フラウロスを召喚する際には、三角形の魔方陣を使わなければならず、その魔方陣のなかにいるかぎり、彼は呼び出したものに忠実である。だが、一歩でも魔方陣の外に出てしまえば、少しも信用ならない存在になるとされている。

ベレト

錬金術師が篤く信奉する悪魔

ボルフリ、ベアル、ボフィという異名をもち、あらゆる金属を黄金に変える力をもつ悪魔。

全身を真っ赤な装束《しょうぞく》に包み、金の冠をかぶった若い兵士の姿をしており、赤い馬にのっているといわれている。

未来と過去のことについて教えてくれるとされているが、やはり、この悪魔の魅力は黄金をつくる能力にあるといえるだろう。

それゆえ、卑金属を貴金属に変える野望にとり憑《つ》かれた錬金術師たちが信奉する存在となっている。

ポティス

知ってはいけない「神の領域」

二十六とも、六十ともいわれる軍団を率いる地獄の大公。

その姿は、醜《みにく》い毒蛇といわれているが、大きく鋭い歯と二本の角をもった人間の姿に変身することができるともいわれる。

ポティスは、過去と未来を見通す力をもっているとされている。これは、ほかの多くの悪魔たちももつ力だが、過去と未来は、本来、人間が知ってはいけない「神の領域」なのだろう。

それを人間に伝えるからこそ、彼らは悪魔とされているのかもしれない。

マゴット

妄想と発狂をもたらす蛆虫

蝿《はえ》の幼虫である蛆虫《うじむし》の姿をした悪魔。人間の脳にくいこみ、妄想と発狂をもたらすとされた。中世では頭がおかしいことを、「頭の中にマゴットがいる」といった言いかたもしたようである。

一六一八年にフランスのオーシュでおきた大規模な悪魔憑《つ》き事件の犯人は、このマゴットであったと言い伝えられている。

ちなみに、マゴットは蛆虫の悪魔ではあるが、「蝿の王」であるベルゼブブ（180ページ）とは、直接の関係はなにもない。

マジキム

神の不手際から生まれた子

アダムとリリス（204ページ）のあいだに生まれたとされる悪魔。ヘブライの伝承のなかでは、ひとりの悪魔を指しているというよりも、ある悪魔の種族を指している。リリスの子どもには、このマジキムと似た、スケディムと呼ばれる種族も生まれている。

マジキムの発生には異説もあり、神が天地創造の六日目につくろうとしたが、時間が足りなくなり、中途半端な状態で放り出されたので悪魔となったという説も存在する。

モレク

生贄を焼く空洞の銅像

子どもたちを焼き殺す悪魔。別名モロク。涙の国の君主とも、母親の涙と子どもたちの血にまみれた魔王とも呼ばれている。

本来は、古代のヨルダン東部に住んでいたアンモン人の信奉する神であり、その名は聖書にも見られる。

人間の体に雄牛の頭がのったモレク神の銅像は、なかが空洞になっていた。

そして、その銅像は炎によって熱せられ、なかに子どもたちが生きたまま生贄《いけにえ》として投げ込まれ、焼き殺されたと言い伝えられている。

Another Episode

魔法円の描きかた

魔法円とは、魔術の儀式において床に描く円のこと。ゲームやアニメでは、この円のなかから悪魔や精霊が呼び出されるが、本来は円のなかに入るのは術者であり、召喚された悪魔から身を守る、大切な結界の役目をはたす。魔法円を描くには、一度も使用したことのない白い筆記具を用いて、切れ目のない完全な円を描くことからはじめる。

いわゆる召喚魔術では、五芒星《ごぼうせい》（ペンタグラム）や六芒星《ろくぼうせい》（ヘクサグラム）、古代文字などを描き入れた、複雑な図形が必要だが、完全な円はそれだけでも効果があるといわれる。

五芒星や十字を中に描く場合は、天使を呼び出す場合は正位置、悪魔なら反対にして、描く順番も逆にする。注意してほしいのは、魔法円は自分がなかに入ったまま描くこと。描き終わった魔法円は、閉じた空間となって、人間を守ってくれることになる。

逆位置のときは悪魔を呼びこむ

正位置のときは聖なるシンボル

Part4
東方世界の悪魔

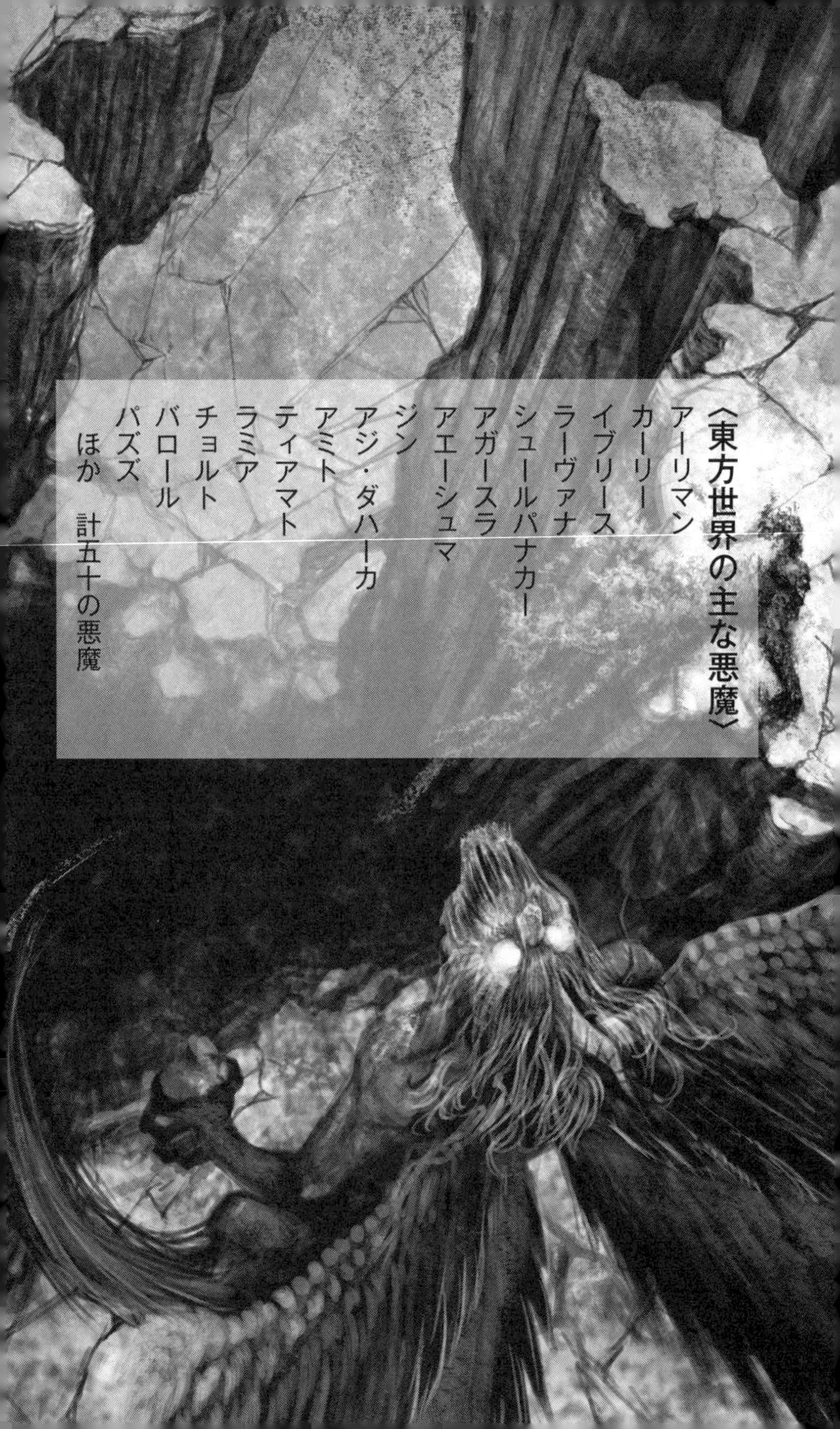

〈東方世界の主な悪魔〉

アーリマン
カーリー
イブリース
ラーヴァナ
シュールパナカー
アガースラ
アエーシュマ
ジン
アジ・ダハーカ
アミト
ティアマト
ラミア
チョルト
バロール
パズズ
ほか　計五十の悪魔

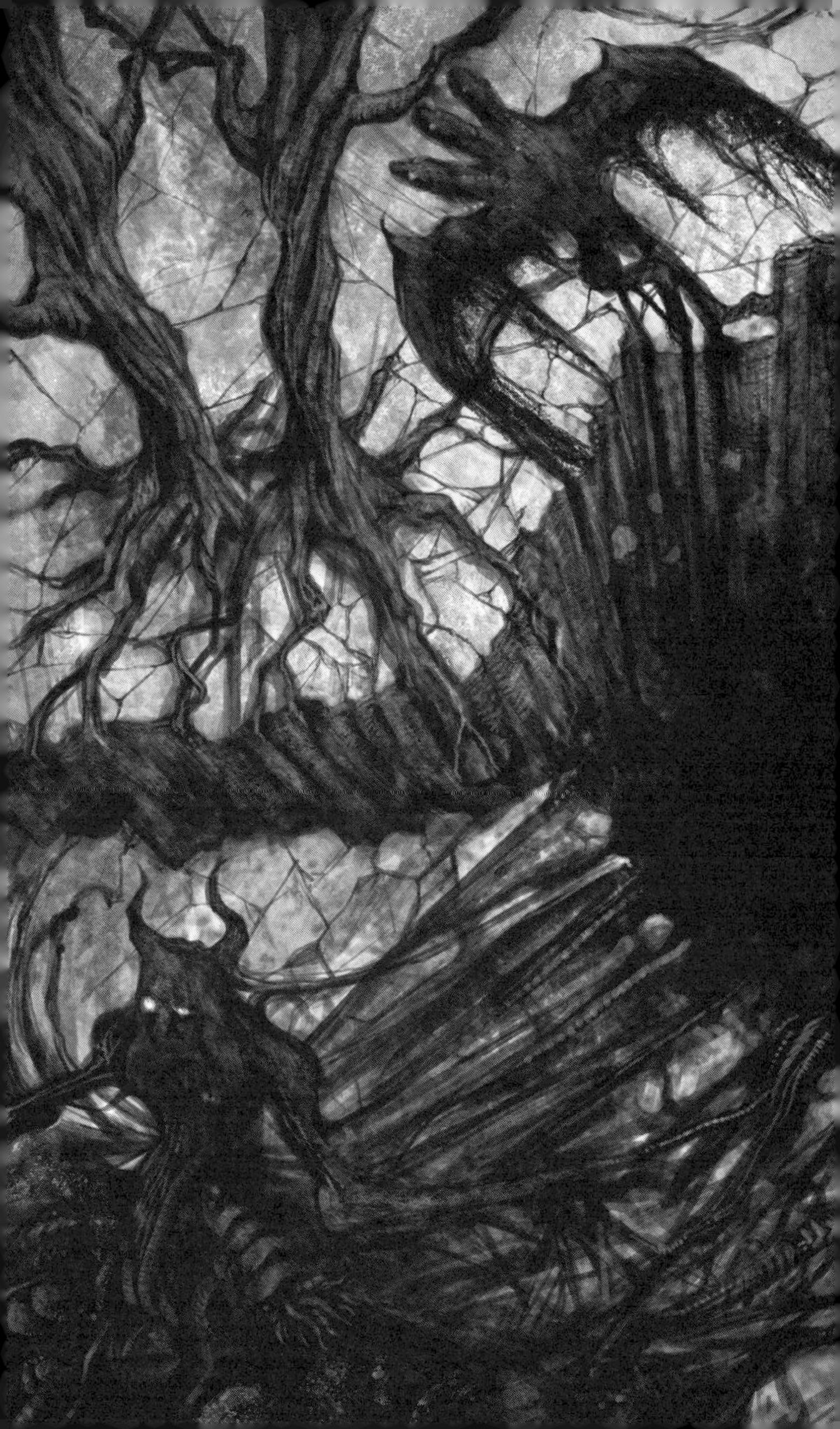

弱い人間の心にとり憑き死へと誘う、東方の悪魔たち

大自然を恐れる人間の心から生まれた悪魔は、東方世界のあらゆる地域、思想へと広がっていった。

各地に散らばる、多種多様な悪魔

本書であつかう「東方世界の悪魔」は、じつにバラエティ豊かである。地域的には、北〜東ヨーロッパ、ロシアから、西アジア、インドまでで、それらの地域で興ったゾロアスター教、イスラム教、ヒンドゥー教などの宗教世界における悪魔のほかに、原始の世界からのアニミズム信仰における悪魔的存在もとりあげている。

また、彼らがもつアイデンティティも、「神＝善」の引き立て役であったり、死の世界の

統治者であったり、自然の脅威の支配者であったりと、さまざまである。

しかし、積極的に人間を死へ導くことが使命である点においては、みな目的は同じといえるだろう。ねたみや怠慢、強欲、不注意、不信心といった人間の心のスキを見逃さずにとり憑《つ》き、破滅に追いこむ。負の力を満載した悪魔の前に、人間はなす術《すべ》もない。

悪魔に魅入られたら最後、死の直前まであきらめずに神への信心を深めるか、ただひたすら、わが愚行を悔やむほかないのだ。

そしてもうひとつ、忘れてはならない共通点として挙げられるのが、その姿の異様さだ。天使がある一定のイメージをもっているのに対し、悪魔の異形さは十人十色。さまざまな獣のパーツの集合体であったり、あるべきパーツがなかったり、ひとつのパーツを多量にもっていたり、そもそも実体がなかったりと、どれも想像力がかき立てられる逸材ぞろいだ。人間を騙《だま》し、おとしいれるためには、その姿形も重要なファクターなのである。

はじまりは、自然への畏怖の念

ではいったい、これらの悪魔はどうやって生まれたのか？

東方世界の悪魔の系譜をたどっていくと、おのおの細かい性質は違えども、根本は「自然への畏怖の念」にたどりつく。

だれも足を踏み入れたことがない奥深い森、暗くよどんだ水辺、不気味な生きもの、逃れられない天変地異、そして死。人の力がおよばない自然の力を恐れるがゆえに、それらを司どる存在として悪魔が形づくられたのである。

これらは現代の一般的な悪魔のイメージからすると、かなりアニミズム的といえるだろう。そうした存在が長く語りつがれているのは、スラヴ地方である。生活するには寒く厳しい気候のせいか、森で人を惑わせたり、池に引きずりこんだり、溺れさせたりする悪魔が、今でも数多く残っている。

また、メソポタミア地方には、疫病などによって人間を死に追いやる悪魔が多い。熱風を吹かせたり、子どもを病気にしたり、疫病を司どる存在が、神話などで描かれている。

宗教に取りこまれた悪魔たち

その一方で、のちに宗教が興ると、「神＝善」に対峙《たいじ》する「悪」として転用された悪魔もいる。その土地に伝わる畏怖の象徴としての悪魔を、信仰を妨げる神の敵として位置づけたのである。人間の恐怖心を転じて信仰心につなげる、てっとり早い方法だ。

ゾロアスター教の天使・悪魔

悪魔たちにとっては青天の霹靂《へきれき》であるが、ある意味、悪としての地位が上がった出世といえなくもない。こうした「善」と「悪」の二元論の発祥ともいえるのが、ゾロアスター教である。

ゾロアスター教では、善神に対する悪神という構図がはっきりしていて、さらにふたつの神のもとには軍団が控えている。

悪の軍団には「背教」や「無秩序」に加えて、「熱」や「渇き」といった自然現象を司どる悪魔も所属している。

イスラム教では、神《アッラー》に対抗する悪魔イブリースの手足となるのは、古代アラビアに伝わるジンという悪質な精霊たちである。

奥深い物語を味わいたい

このように、自然への畏怖から生まれた東方世界の悪魔たちは、各地で悪の限りをつくし、人間を誘惑し、最終的には死に至らしめる憎むべき存在である。

だが、悪魔たちにも性格があり、哲学があり、その一生には語られるべき物語がある。その手練手管は、天使の善行をはるかにしのぎ、あらゆるアプローチの罠、謀略がくり出されて飽きさせない。

これほど奥深い存在は稀有《けう》である。

その行動は、一般常識で受けいれがたい悪行のため、好意をもって語られることはないが、それゆえに、もの哀しい味わいが増すはずだ。深淵なる悪魔の物語を存分に楽しんでいただきたい。

アーリマン——すべての善と戦う、悪の総帥

アーリマンは、アフリマンとも呼ばれ、ゾロアスター教における悪の体現者である。ゾロアスター教の教えでは、この世はすべて「善」と「悪」で成り立っており、いかに大悪魔といえども世界の構成に欠かせない存在なのである。なぜなら、「悪」がいなければ「善」もいないことになるからだ。アーリマンに対抗するのは善神アフラ・マズダ。この両雄の力は拮抗《きっこう》していて、つねに戦わねばならない運命にある。

善の王国を干ばつ・疫病で阻む

アーリマンは北方の暗黒に住み、アフラ・マズダのつくり出した善なるものを破壊することのみを考えている。「神聖なる生き物」として犬と牛がつくられると、醜《みにく》く残酷な「悪しき生き物」として蛇、蠅《はえ》、サソリ、ライオン、蛙《かえる》などをつくり出す。善の王国が拡大すれば、その地に干ばつを起こしたり、疫病をはやらせたりする。人が富を手に入れれば、猜疑心《さいぎしん》をあおって争いをしむける。大地に豊かな実りがもたらされると、害虫を放ってすべてを無に帰すというぐあいだ。

このように世界中のあらゆる「悪」はアーリマンがつくり出したものであり、それらがおぞましければおぞましいほど、「善」が引き立つのである。

善悪、両雄並び立たず、最終決戦へ!!

ゾロアスター教の創世神話では、アフラ・マズダは地上の楽園をつくろうとしたとき、邪魔が入るのを予想し、アーリマンに呪文をかけて三千年のあいだ縛りあげ、そのスキに楽園をつくりあげる。しかしその後、呪縛が解けたアーリマンは怒り狂い、闇や病、毒蛇、毒サソリ、毒蛙といった悪の根源をつくり、楽園に解き放つ。

そして、アフラ・マズダがつくった最初の人間である、ガヤ・マルタンを殺してしまう。しかし、残された精子が地母神《じぼしん》と受精して男女が生まれ、これが人類の始まりとされている。

こうして人類は、当初は「善」の存在であったが、「悪」の邪魔が入ったことで完全ではなくなってしまった。だから「善の戦士」として悪と戦わねばならない、というのがゾロアスター教徒の使命なのだ。

アーリマンが人間にもたらした「悪」は、貧困や病、懐疑心《かいぎしん》、堕落、そして死である。ゾロアスター教では人間は不滅の霊魂をもっていて、肉体の死が訪れると、生前の行ないをもとに裁きを受ける。生前の行ないの裁きとは、すなわち、いかに悪＝アーリマンと戦ったか、ということだ。アフラ・マズダの信仰篤《あつ》く、家畜を大切にしてよく働き、結婚して子どもをつくり、数かずの誘惑に負けないことが、悪魔を退ける善行とされた。こうした善行が悪行に勝てば天国へ召され、善行が足りずに悪行が勝るようならば地獄へ落とされることになる。このような個々人の裁きは、アフラ・マズダとアーリマンの最後の戦いに決着がつくまで、くりかえされるという。

善と悪の最終決戦は、アーリマン率いる悪魔軍団と、アフラ・マズダ率いる大天使軍団とのあいだで行なわれる。ふたつの軍団の構成員は、「虚偽の悪魔」に対して「真実の天使」、「無秩序」に対して「統率」、「憶測」に対して「敬虔《けいけん》」というように、必ず対をなしている。そして、善悪入り乱れての戦いののち、悪の大将アーリマンは、善の大将アフラ・マズダによって倒されてしまうのだ。その後、アフラ・マズダによって死んだものは生きかえり、最後の審判を受ける。

ここでも人は、天国と地獄にわけられるが、たとえ地獄に落ちたものでも三日間の責め苦を受けて浄化されれば、新しい生活を始めることができる。アーリマンなき世界では、もはや人間は死ぬことなく、永遠の生を授かることになるという。

こうしてみると、アーリマンがつくり出した究極の悪は「死」なのではないだろうか。ゾロアスター教では、人間は、不死へのあくなき戦いを続けているのだ。

カーリー

負の思念から生まれた、黒い地母神

ヒンドゥー教の破壊神シヴァの妻であり、大母神でもあるデーヴィーは、慈悲深い面と凶暴な面という相反する性格をあわせもつ、かなり複雑な存在である。性格によって姿を変え、パールヴァティー、ドゥルガー、サティーなどの名をもつが、なかでも抜きんでて凶暴で破壊的なのがカーリーである。

想像を絶する血塗られた容姿

まず姿形からして恐ろしい。顔は血液でただれ、血走った三つの目、鋭い牙、だらりと垂れた舌。腕は四本あり、一本には武器、もう一本には血が滴《したた》る巨人の首、残りの二本は上に掲げ祈りを捧げている。黒い肌の体には虎の皮を身につけ、頭蓋骨《ずがいこつ》のネックレス、切断された腕をたらした帯がアクセサリーである。みごとなまでに血塗られた狂乱の女神であるといえよう。

名前の意味は「黒き者」で、「黒い地母神《じぼしん》」とも呼ばれる。出自については諸説あるが、パールヴァティーが夫シヴァからその黒い肌をとがめられ、森にこもって修行した結果、金色の肌に

生まれかわった際に生まれたとも、ドゥルガーが怒ったときにその額から生まれたともいわれる。いずれにしても、負の思念から生まれたことに変わりはないようだ。

また、生贄《いけにえ》の女神としても知られる。インドのカルカッタという地名は、カーリーが由来とされ、「カーリーの沐浴場《もくよくじょう》」という意味である。かつてはこの場所で、生贄として生身の人間の体を神に捧げていたともいわれている。

破壊神ですら手を焼いた、狂乱の舞踏

ヒンドゥー教の神話には、カーリーがラクタヴィジャという魔物と戦った様子が描かれている。ラクタヴィジャは、傷を負って血を流しても、その一滴の血から千匹もの魔物を生み出してしまい、神々はなかなか倒すことができないでいた。そこでカーリーが戦いを挑むのだが、彼女は、ラクタヴィジャの血が流れ落ちるそばから飲み干し、魔物の増殖を止める。そして、最後に残った魔物の体を丸呑みにして、あっけなく勝負はついてしまう。

その後、カーリーは勝利を祝って踊り出すのだが、だんだん忘我《ぼうが》の境地に達してきて、どんどん激しいステップになっていく。もはやだれもカーリーの踊りを止められず、すべての生き物は恐怖を感じ、大地が割れんばかりの勢いになってくる。

夫であり破壊神でもあるシヴァでさえ、彼女を止めることはできず、とうとう踊り狂うカーリーの足下にみずからの体を投げ出し、その体の上で踊らせてようやく、狂乱の舞踏は終わるのだ。こうなると、もはやカーリーとラクタヴィジャのどちらが魔物なのか、よくわからなくなってくる。

しかしこの神話は、ヒンドゥーの神々の二面性がよく現われている。

創造神でもあり、破壊神でもあるシヴァを筆頭として、ヒンドゥーの神はみな、善と悪、生と死、創造と破壊をあわせもった存在である。相反する素質が共生し、表裏一体であるからこそ、神なのかもしれない。

カーリーの血塗られたイメージは、およそ神とはほど遠いが、創世の慈母《じぼ》パールヴァティーの悪の一面を一身に背負った存在として、広く信仰の対象になっている。

イブリース——人間を地上の統治者と認めなかった悪魔

イブリースは、イスラム教でもっとも有名な悪魔である。みずからの確固たる信念において神の言葉に逆らい、堕天使となった、シャイターン（サタン）の頭目《とうもく》といわれる。

イスラム教は、今でこそキリスト教とは相容れない宗教というイメージが強いが、その創立の歴史には、キリスト教の影響が色濃く認められる。

イスラム教徒もそのことは認めており、キリスト教徒と違うのは、自分たちのほうが神をより篤《あつ》く信仰している点だと思っている。神《アッラー》は絶対であり、悪魔は神の引き立て役であって、どんなに悪事を働こうとも、すべて神の手の内なのだ。

神の言葉に従わず天上を追われる

イスラム教の教典『コーラン』には、イブリースが堕天使になった経緯として、次のような話が残っている。

あるとき神《アッラー》は、地上を統治するものとしてアーダム（キリスト教のアダム）という人間をつく

ろうとする。その際に天使たちを集めて意見を聞いたのだが、おおむね反対であった。しかし神《アッラー》はアーダムをつくり、地上のすべての物の名前を教える。統治者として、物の名前を知ることは必須と考えたのだ。

そして再度、天使たちを集めて、地上の物の名前をいってみるよう促したが、天使たちは神《アッラー》から教わっていないので答えられない。一方のアーダムはスラスラと答える。そうなると天使たちもアーダムを地上の統治者として認めざるを得なくなり、神《アッラー》にいわれるまま、アーダムの前にひれ伏すのであった。

しかし、まだ天使のひとりだったイブリースは、ひれ伏すことを拒否する。

「われわれ天使は光から創造されたもので、人間は土から創造されたもの。光と土では、光のほうが勝っています」

このように反論するが、神《アッラー》は聞き入れず、イブリースを天上から追放するよう命令を下す。

イブリースは了承するが、最後の審判まで猶予がほしいと願い出る。人間たちは必ずや、神《アッラー》への信仰が薄くなり、最後の審判の後、地獄へ落ちるはずだというのだ。そして神《アッラー》はイブリースに猶予を与え、彼が人間を誘惑することを容認するのだった。

悪事もすべて神の想定内

それ以後、イブリースはアーダム、つまり人間が地上の統治者としてふさわしくないということを証明するために、あらゆる手だてを講じる。人間を誘惑して悪事に手を染めさせたり、疫病をはやらせたりする。ハワ（キリスト教のイヴ）を誘惑して禁断の果実を食べさせたのも、イブリースだといわれている。また彼は、イスラム教が興るずっと以前から、アラブ地方に伝わるジン（264ページ）という精霊のうち、悪性のものたちを付き従えて、さまざまな悪事を人間に働いたりもした。しかし、こうしたイブリースによる信仰の妨害も、すべて神《アッラー》にとっては想定内のことである。善はもちろんのこと、悪までもがすべて神《アッラー》の御心《みこころ》のままなのだ。

一説によれば、イブリースの行動は神《アッラー》への反逆ではなく、神《アッラー》の「自分以外のものを敬ってはいけない」という教えを忠実に守ったからにほかならないという考えもある。ひれ伏すのは神《アッラー》の前のみ、ということだ。ほかでもない神《アッラー》自身によって反逆者の烙印を押されようとも、神《アッラー》の教えに忠実であろうとしたことは、ある意味、真正の信者かもしれない。

イブリースという言葉は、ギリシァ語の「ディアボロス」に由来し、英語の「デヴィル」と同じ語源である。

ラーヴァナ——悪の限りをつくす、インドの鬼神

唯一の弱点は「人間」だった

インド神話の鬼神・ラクシャサ族の王ラーヴァナは、古典叙事詩『ラーマーヤナ』に登場する悪の権化《ごんげ》である。十の頭と二十本の腕をもち、目は銅色で歯が月のように輝き、山のような巨体だったという。

彼は、富の神クヴェーラにラクシャサの都ランカーを奪われたことを恨み、長い苦行を重ねることを、みずからに課す。その苦行に対してヒンドゥーの三大神のひとりであるブラフマーから、ひとつ願い事をかなえてやろうといわれ、神にも悪魔にも殺されない体にしてほしいと頼む。しかしこれが彼の痛恨のミスだった。

彼は人間を完全に見下していたので、「人間に殺されないように」という約定を取りつけなかったのである。

こうして半不死の存在として、悪の限りをつくすラーヴァナであったが、妹のシュールパナカーにそそのかされ、コーサラ国の王子、ラーマの妻であるシータを誘拐したことで、ラーマ対

十の頭と二十本の腕をもつラーヴァナ。神でさえ手が出せない存在だったが……

ラーヴァナの熾烈《しれつ》な戦いが始まる。ラーヴァナは当初、ラーマ王子軍より優勢であったが、弟ヴィビーシャナが寝返ったり、猿王ハヌマーンが王子軍に味方したりして、じわじわと追いつめられていく。そしてついに、ラーマ王子が放った燃えさかる矢が心臓を射抜き、命を落とすことになるのだった。

そもそもラーマ王子は、ラーヴァナの悪行に業を煮やした神々が相談し、ヴィシュヌ神を人間の姿に変えて遣わした存在。神々でも手を焼くほどの悪魔の唯一の弱点が、命に限りある人間だったという、皮肉な結果となる。

悪魔でありながら、妹にそそのかされたり、弟に裏切られたりするなど、お人好しで憎めない存在なのだ。

シュールパナカー――魔王と王子との大戦争のきっかけをつくった女魔族

フラれた腹いせに、兄を使って復讐!?

インドのラクシャサ族の魔王ラーヴァナの妹で、その名前の意味は「扇のような爪をもつ女」。古典叙事詩『ラーマーヤナ』において、コーサラ国の王子ラーマと、兄である魔王ラーヴァナが戦う原因をつくった、罪な女魔族である。

国を追われたラーマ王子は、妻のシータと義弟のラクシュマナとともに、安住の地を求めてさまよい歩き、ついにある森に住みかを決めた。そこへシュールパナカーが通りかかり、ラーマとラクシュマナに一目ぼれする。そこで美しい少女の姿になって、まずはラーマに求婚する。しかし、ラーマにはシータという妻がいたため、ラーマは義弟のラクシュマナを紹介する。そこで彼女はラクシュマナに求婚するのだが、こちらにもあっさりと断わられ、あろうことか嘲笑《ちょうしょう》される。

女としてのプライドをずたずたにされた彼女の怒りは、ラーマの妻シータへ向けられ、シュールパナカーは、「お前さえいなければ!」と丸呑みにすべく襲いかかる。だが、シータの悲鳴を聞きつけたラクシュマナによって撃退され、さらに耳と鼻を斬り落とされてしまう。

女性の手の上で転がるのは、悪魔も同じ。みずから手を下さない策士である

身も心も傷つきながら、怒りのおさまらないシュールパナカーは、兄ラーヴァナのところへ逃げ帰り、「ラーマ王子の妻シータは絶世の美女で、兄上の妻としてこそふさわしい」とたきつけ、兄にシータを誘拐させる。そして、ラーマ王子と魔王ラーヴァナの壮絶な戦いが始まるのである。

女の嫉妬《しっと》は恐ろしい……、と受けとられがちではある。だが、ラクシュマナがシュールパナカーの耳や鼻を斬り落とすことなく、もう少し紳士的に説得していれば、戦いは起こらなかったのではないかと思えなくもない。

アガースラ――口を開けて待ちかまえる、大蛇の刺客

英雄クリシュナを飲みこもうとするも……

インドの魔族アスラの一員で、悪王カンサの将軍として、アガシャラという巨大な蛇に変身することを得意としたアガースラは、インドでは人気の高い英雄クリシュナを倒すために活躍したとされる。

さる王国の悪名高き支配者であったカンサは、予言者に「お前はヴァースデーヴァの八番目の息子に殺される」と告げられたことを恐れ、彼の息子をすべて殺すように部下に命じた。しかし、ふたりの子どもが女神によって連れ出されて難を逃れ、そのひとりがクリシュナである。クリシュナはヴィシュヌ神の化身とも、実在した英雄ともいわれ、武勇の誉れ高く、おまけに美形で、その評判はすぐに広まった。

このクリシュナを、赤子のときに抹殺しておかなかったことをカンサは後悔した。そして、悔やんでも悔やみきれない結果となる。

その後、カンサはあらゆる手段を講じてクリシュナを殺そうとする。その刺客のひとりがア

クリシュナはアガースラの胃に到達する直前、その腐臭に気づき引き返した

ガースラである。

あるとき、クリシュナとその仲間たちが、アガースラの領地を旅していた。すかさずアガースラは、巨大な蛇に変身し、クリシュナ一行の前にその大きな口を開いて待ちかまえる。

その口は、洞窟の入口のように暗く大きかったので、クリシュナの仲間たちは、奥へと踏みこんでしまう。クリシュナも入っていくが、胃に到達する前に罠だと気づき、仲間とともに脱出する。罠を見抜かれたアガースラは、クリシュナによって退治される。

その後もカンサの刺客はあとを絶たなかったが、最後はカンサ自身がクリシュナに挑んであっけなく殺され、クリシュナはなおいっそう、名を上げることになるのである。

アエーシュマ——凶暴で残忍な、悪魔軍団の長

人間の憤怒をあおり、世界分裂をたくらむ

ゾロアスター教において、アーリマンが率いる悪魔軍団の筆頭であり、教典『アヴェスタ』のなかでは、いつも血塗られた棍棒《こんぼう》や刃物などの武器を持った姿で描かれている。言い伝えでは、毛むくじゃらの体をもち、人間の「憤怒」や「激怒」、「残忍さ」を司どる悪魔とされる。

彼にとり憑《つ》かれた人間は凶暴になり、大切な家畜をいじめたり、大酒を飲んで正体なく酔っぱらったうえに大暴れしたりするようになるという。人間の奥底に眠る、乱暴で残虐な部分を呼びさますわけだ。そうして人々の憤怒をあおり、戦いを起こして、世界を分裂させようとたくらむという。

しかし、「従順と献身」の化身である神霊スラオシャによって、そのたくらみは粉砕される。スラオシャの名は「耳を傾ける」という意味で、善神アフラ・マズダの耳の役目をはたし、アエーシュマにとり憑かれた人間の声を聞くことができる。

人々は、スラオシャを通してアフラ・マズダに祈るので、スラオシャには多くの人間の声が聞

毛むくじゃらで、人間の奥底に眠る残忍さを表現したかのような姿

こえるのだ。
アエーシュマは、夜のあいだに暗躍して、酒に酔った人間や眠っている人間をそそのかし、憤怒をあおろうとするが、これを妨害すべく、スラオシャも夜になると天上から地上に降りてくる。
この「凶暴」な悪魔と「献身」の神霊の戦いは、スラオシャに軍配が上がり、その後の世界は平和が保たれているという。
また、このアエーシュマは、ユダヤ教の情欲・破壊の悪魔であるアスモデウスのルーツともいわれている。

ジン

アラビアに伝わる変幻自在の悪戯者

砂漠や荒地を徘徊し、とり憑く人間を物色する

古くからアラビアに伝わる妖魔ジンは、人間がつくられるはるか以前に、「煙なき炎」からつくられたといわれ、体は蒸気や火炎でできている。つまり、いかようにも姿を変えることが可能で、煙や雲などの気体から実体化して、狛犬《こまいぬ》、蛇、ジャッカル、人間、巨人など、現われるときの姿は、形も大きさもさまざまである。

ジンは、体力、知力ともに人間を上回り、悪戯《いたずら》好きで、ときには度を越えた悪戯で人間が命を落とすこともあった。

ソロモン王は魔法の指輪の力を借りて、ジンを壺やランプに封印することができたという。封印されたジンは、解放してもらうことができたら、そのお礼に願いごとをかなえてくれる。こうした説話で有名なのは、『千夜一夜物語』の「アラジンと魔法のランプ」に登場するランプの精だろう。

古来、アラビアでは、ジンは自然界にいる精霊で、善良なものと悪性のものがいた。後者は、

いかなる姿にもなれるジンは、いつも人間のそばでスキを狙っている

砂漠や荒れた土地の上空を徘徊《はいかい》しており、人間にとり憑《つ》き、狂わせると信じられていた。

後世、ムハンマドがイスラム教を開いたときにキリスト教の影響を受けて悪魔の概念を取りいれ、悪性のジンがそのモデルとなったという。

悪性ジンの一種、イフリートは、後世、いろいろな作品のモチーフに使われ、「炎の魔神」のイメージがついている。

『千夜一夜物語』では、ビンに閉じこめられたところを漁師に拾われて解放されたが、そこで恐ろしい巨人の姿で現われ、漁師を殺そうとする。ところが逆にだまされ、またビンのなかに封印されてしまうという、性悪ながら思慮が足りない姿で描かれている。

アジ・ダハーカ――英雄たちと死闘をくりひろげた、魔王の息子

体のなかには害虫がギッシリ!!

ゾロアスター教の魔王アーリマンとともに、善神アフラ・マズダに戦いをしかける龍の怪物。アーリマンの息子ともいわれ、ゾロアスター教の聖典『アヴェスタ』によれば、三つの頭、三組の牙、六つの目をもち、千もの魔術をあやつったという。

アジ・ダハーカの体内には、無数のサソリ、トカゲ、蛇、ヒキ蛙《がえる》などの害虫がいっぱい詰まっており、剣で体を斬り裂くと、傷口からそれらの害虫が、次から次へと出てくるという、かなりたちの悪い魔物であった。

ゾロアスター教以前の古代ペルシャの神話にも、その名を見ることができる。ここでもペルシャの敵として、人間や家畜を殺す不気味な怪物として描かれている。

そのあとに創始されたゾロアスター教においても、悪の手先としてとりいれられ、アフラ・マズダの息子である火の神アータルと敵対する悪魔として位置づけらた。

そして、この両者のあいだに、熾烈《しれつ》な戦いがくりひろげられることになるのだ。

害虫がギュウギュウに詰まったアジ・ダハーカは、かんたんには倒すことができない

アータルをはじめ、数かずの英雄たちと、アジ・ダハーカとの戦いについては諸説ある。英雄たちははじめ、大きな棍棒《こんぼう》で龍の頭、肩、心臓を順に打ちすえるが殺すことができなかった。

剣を取り出して何度も斬りつけるが、そのたびに傷口からトカゲや蛇が飛び出してくるので、世界が害虫で埋めつくされてしまう。

そこで最終手段として、鎖で縛りあげ、山中の洞穴に閉じこめるというのが、諸説の共通した流れである。

その後、アジ・ダハーカは鎖を食いちぎって脱走に成功し、ふたたび悪の限りをつくす。しかし、やはり、最後にはペルシャの英雄ケレサスパに倒されてしまう。

アミト

死者の心臓を喰らう、エジプトの女悪魔

二度と復活できない、死の世界への入口

エジプト神話に登場する、死者の心臓を食べる女悪魔である。アムムト、アメミット、アムマイトとも呼ばれ、頭は鰐《わに》、胴体はライオンなどのネコ科の大型肉食動物、尻からうしろ足はカバという姿で描かれる。

冥界《めいかい》の王オシリスが死者の審判を行なう際に、いつも付き従っていたといわれる。この審判は死者の生前の行ないを見極め、魂が天国へ行くか、地獄へ行くかを決める儀式である。

このときオシリスは死者の心臓を片方の天秤《てんびん》にのせ、もう片方には真実の象徴である羽根をのせる。心臓は人間の魂とされていて、善なる魂の場合は真実の神マアトから、ふたたび生きかえることを約束される。アミトは、この魂には手出しができない。

しかし、もしも魂が偽りのものである場合は、羽根のほうが重くなり、心臓をのせたほうがもちあがることになる。アミトはこの瞬間を逃さず、待ってましたとばかりに、罪ありと判断された心臓を丸呑みにしてしまうのだ。

死んでからもさらにワニに食われたくはない。ちょっと遠慮したい悪魔である

エジプトでは心臓を失ったものは魂を失ったものとされ、天国へも行けず、生きかえることもできない。霊魂の不滅と死者の復活を信じる民にとって、魂を食われてしまうことは、完全な死を意味する。

天秤の下で口を開けて待ちかまえているアミトの姿は、見た目も恐ろしい。

二度と復活できない、まぎれもない死の世界への入口として、かなり恐ろしい存在であったといえるだろう。

ティアマト――怒り狂うバビロニアの創世女神

鬼気迫る魔物軍団を率いて暴れまわる

ティアマトは、バビロニア神話において、男神アプスーとともに原初の世界を創造した女神である。アプスーは真水、ティアマトは塩水を支配しており、ふたりが混ざりあうことで多くの神が生まれた。塩水は海を意味するので、ティアマトはまさに原始の母といえる。

しかし、女神であり母であるにもかかわらず、混沌の象徴であると考えられ、その姿はドラゴンの形で描かれることが多い。荒れくる海を支配するゆえんだろう。

原始の父と母から生まれた神々がふえ、あまりにそうぞうしくなってきたので、平穏を奪われたアプスーは子どもたちを滅ぼそうとする。しかし、水の神エアから返り討ちにあい、命を落としてしまう。

夫を殺されたティアマトは荒れ狂い、七つの頭をもつ大蛇など十一匹の魔物をつくり出し、みずからはドラゴンの姿と化して反撃に向かう。

鬼気迫る魔物軍団は、当初は優勢であったが、ティアマトがエアの息子で風の神であるマル

夫を殺され激怒したティアマトは、ドラゴンとなり子孫たちを襲う

ドゥクを飲みこもうと、大きく口を開けたところを、マルドゥクに「悪風」を投げこまれ、口を閉じることができなくなり形勢が逆転する。そして、そこを弓矢で射抜かれ、心臓を引き裂かれてしまう。

マルドゥクはその後、ティアマトの体をふたつに裂き、半分で空を、もう半分で海底をつくる。また両目を突き刺して、チグリス川とユーフラテス川の源流とし、ドラゴンの尾で天の川をつくったといわれる。夫の敵を討とうと、鬼神のごとく自分の子孫たちと戦い、最後は敗れたが、海だけでなく天と大地の源となった「創世の母」にかわりはない。

ラミア

洞窟の奥にひそむ、悲しき女怪物

美貌ゆえにかけられた、子殺しの呪縛

ラミアは、ギリシァ神話に起源をもつ女の怪物である。

その後、ヨーロッパ各地にその名は広まり、子どもを喰らう悪魔、吸血鬼、異形の怪物など、さまざまな悪の権化《ごんげ》として伝承されている。

ギリシァ神話においては、海神ポセイドンの孫として生まれ、その美貌ゆえに全能の神ゼウスの寵愛を受ける身となる。しかし、ゼウスの妻ヘラの逆鱗《げきりん》にふれ、子どもを産むたびに、自身でわが子を食べてしまうという呪いをかけられてしまう。

さらに、ヘラはそれだけに飽き足らず、眠りまでも奪い、ラミアは子殺しと不眠という、逃れようのない苦痛にさいなまれることになるのだ。

それを哀れんだゼウスは、ラミアの目を取りはずせるようにして、彼女が少しでも休めるようにした。しかし、子を失ったラミアの悲しみはあまりに深く、洞窟に隠れ住み、子どもをもつ母親をうらやんで他人の子どもをさらっては、むさぼり食う怪物となってしまう。

子を喰らう悪魔は各地に存在する。なかでもラミアは悲しい物語を背負っている

この神話がもとになり、各地へ広まったラミアは、子どもを喰らう、もしくは危害を与える悪魔として、上半身は女性、下半身は蛇という姿で描かれることが多い。

これらとは少し趣きを異にするのが、ブルガリアの民話に出てくるラミアである。こちらは正真正銘の怪物で、いくつもの頭をもち、それらは何回切ってもふたたび生えてくるという。また、若い女性の血を好み、山中の暗い洞窟などに住んでいる。

若い女性をターゲットとするのは、子を失った母の怨念から生まれたものかもしれない。女の恨みというのは深く、消えることがないのだ。

チョルト

神を嘲笑する、スラヴの魔物たち

精霊から悪魔になった、笑う門に集まる邪悪の象徴

キリスト教が広まる前のスラヴ地方では、さまざまな自然の精霊を大事にするアニミズムが信仰の土台であった。日本の八百万《やおよろず》の神を信じる風土と似ているといえよう。風、雷、水、森、太陽、大地など、人間に恵みを与えてくれる反面、ときとして脅威ともなる大自然のすべてが、信仰の対象だった。チョルトとは、そうした精霊のなかの「魔物的存在」全般を指すものである。

チョルトは人間の形をしているが、小さい角と先のとがった尻尾、ひづめがついた足という、典型的な悪魔の姿で描かれることが多い。スラヴ民話やチェーホフなどのロシア文芸作品、ロシアバレエの舞台などでは、人間に直接害を与えたり、邪心をあおったりする妖怪や鬼としてひんぱんに登場する。

また、語源は不明であるが、ロシア語の「チョルト」は英語の「shit」とほぼ同義で、俗語として人を罵《ののし》る言葉や、悪態をつく際の言葉として、現在でも使われ続けている。

これらのエピソードは、チョルトがスラヴに深く根づいた諸悪の象徴であることの証しだろう。

スラヴ地方でもっともポピュラーな悪魔チョルト。姿形も典型的である

スラヴ地方にキリスト教が広まってくると、チョルトは精霊から少し地位を上げ、神と対立する悪魔として利用されることになる。

キリスト教では、笑うことは悪とされる。ロシア正教が広まったスラヴ地方でも「笑えば罪がふえる」、「笑うところに罪あり」という意味のことわざが浸透した。ここでチョルトは神を嘲笑《ちょうしょう》するものとして「道化」と呼ばれるようになる。

神聖な世界の対極には、高笑いから狡猾《こうかつ》な笑いまで、さまざまな邪悪な笑いにあふれる悪魔の世界があるのだ。

バロール——神々の戦士と抗争した、ひとつ目の魔王

見たものすべてを死に至らしめる邪眼

ケルト神話に登場する、巨人族フォモールの王。フォモール族は古くからアイルランドに住んでいた種族で、次つぎとやってくる侵略者との戦いを続け、とくに王のバロールは邪眼《じゃがん》の持ち主として侵略者から恐れられていた。なかでも女神ダヌーの一族との戦いは熾烈《しれつ》を極め、たがいに多くの犠牲者を出したといわれる。

邪眼については、額の中央にひとつの目しかなかったという説、目はふたつあったが、幼いころに片目がつぶれていつも閉じている説など諸説ある。

その威力はバロール自身にも制御できないほどで、ふだんは魔力で封じた銀のまぶたで覆われていて、そのまぶたを上げるには男四人の力が必要だったといわれている。また、ひとたび目が開けられて視線があうと、人間はもちろん、たとえ神であっても命を落とすことになったともいわれている。

女神ダヌーの一族を従属させ、重税をかけて苦しめていたバロールは、あるとき「みずからの

バロールの邪眼は、自身でも制御できないほどの魔力をもつ

孫の手によって殺されるだろう」というお告げを下される。

そこで、自分の娘に子どもを産ませまいと塔に幽閉するが、その塔に忍びこんだ、ダヌー一族の戦士キアンとのあいだに、光の神ルーが生まれる。それを知ったバロールは、ルーを殺そうとするが逃げられてしまう。

フォモールとダヌー両方の血をひきつぎながら、勇敢な神々の戦士として成長したルーは、フォモール族の都に戻り、ふたたびバロールとあいまみえることになる。

バロールが邪眼を開いたその瞬間、ルーは神々の秘宝のひとつ、魔の槍ブリューナクをその目に的中させ、バロールは絶命する。これにより、フォモール族もとだえてしまうのだった。

パズズ

神にも屈しない、悪魔世界の真の魔王

熱風は病魔を運び、確実に災いをもたらす

古来よりメソポタミア地方に伝わる風の悪魔で、疫病をもたらすと信じられていた。メソポタミア地方から見て南東にあたるペルシャ湾から吹き上がってくる熱風は、この地方に猛暑をもたらし、熱病の原因になるとして恐れられた。

この熱い南東風を吹かせ、病魔を運んでくるのがパズズである。

パズズの風にあたると、人は頭痛や吐き気にさいなまれることになる。

そこでシュメール人は、パズズのもたらす疫病から身を守るために、呪文を唱えたり、儀式をとり行なっていたといわれる。

パズズは、ライオンの頭をもち、額には一、二本の角、ライオンのような二本の手、ワシのような鋭い爪がある二本の足、背中には二対の翼、サソリの尾があり、蛇頭《じゃとう》の男根をもちあわせていたという。見るからに悪魔然としたその風体から、妥協の余地なく確実に災いをもたらしたであろうことは、容易に想像できる。

後世、さまざまな作品において邪悪な存在として登場する真の魔王

事実、人間に対する災いだけでなく、神々に対しても妥協はしなかったようで、神話のなかでは、たいていの悪魔が最終的に神々にひれ伏すことになるのだが、パズズは屈することがなかったといわれる。

しかも、パズズより格下の風や病の悪魔を追い払うために、パズズに祈りを捧げることもあったという。

まさにパズズは神々に屈せず、悪魔世界を統率する、真の魔王といえよう。

また、パズズにはラマシュトゥという妻がいた。こちらもパズズに負けず劣らず強い魔力をもった病魔といわれている。ふたりが力をあわせれば、人間などひとたまりもないのだ。

アストー・ウィザートゥ

巧みな縄さばきで、人間を地獄へ引きずりこむ死神

ゾロアスター教では、霊魂は不滅で、人は死ぬと裁《さば》きの場へ赴き、生前の行ないに基づいて、天国行きか地獄行きかを判定される。アストー・ウィザートゥは、人間の首に縄をかけて、地獄へ引きずりこもうとたくらむ、死の悪魔である。アストー・ウィザートゥは投げ縄が巧みで、人は生まれたときから、彼によって首に縄をかけられている。厳密にいえば、生まれる以前、母親の胎内にいるときから彼に目をつけられているという。つまり、人は胎児のころからつねに死、さらに地獄の恐怖と隣りあわせということだ。だから、みずからの身を危険にさらしてはならないし、日ごろから身を守るために慎重にならなくてはならない。

そして死後、裁きの場で天国行きを宣告されたものは、縄が自然と外れるが、そうでないものは、この縄によって地獄へ引きずりこまれることになる。これとは別に、地獄の入口には投げ縄が得意なウィーザルシャという悪魔が座っていて、人間が死ぬと縄を投げる。天国へ行くべきものには縄はかからないが、地獄へ落ちるべきものには、かんたんにかかってしまうという話もある。

ジャヒー

魔王を励まし地位を上げた、娼婦の支配者

ゾロアスター教の悪の総帥アーリマンの愛人で、娼婦の支配者。女性に月経をもたらし穢《けが》れ多い身におとしめた首謀者といわれる。女悪魔のなかでは最高の地位にあり、ヤヒ、ジェーと呼ばれることもある。当初は、ただの性悪女だったが、彼女が一気に地位を上げたのは、落ちこんでいたアーリマンを励ますことに成功したためといわれている。

アーリマンは、善神アフラ・マズダが地上の楽園をつくるとき、呪文をかけられて動けない状態にあった（２４６ページ）。そして、呪縛から解き放たれると、怒り狂って反撃に出るのだが、アフラ・マズダがつくった楽園があまりにもすばらしかったので（一説には、なかでも人間がたいそうすぐれた生き物だったので）、くじけてしまう。

そこで、悪魔軍団の部下たちが、入れかわり立ちかわりアーリマンを慰めるのだが、どうしても意気があがらない。だが、ジャヒーが言葉をかけると、みごとに立ち直ったという。悪の大将も、女の言葉には弱いらしい。

ハールート／マールート

地上の情欲に溺れ追放された、ふたりの堕天使

もともとは、神に忠実で清廉潔白《せいれんけっぱく》な天使であったが、地上の情欲に溺れて天上を追放された、典型的な堕天使である。彼らは、イスラム教の聖典『コーラン』にも登場するが、堕天使となったいきさつについては、時代によって説が変わる。ふたりはいつも、地上の人間たちが情欲に溺れ、身を滅ぼしていくのを天上から眺めては、そのあさはかさをあざけり笑っていた。そこで神《アッラー》は「おまえたちも地上に下りれば、誘惑に負けるかもしれないではないか」という。ふたりは、自分たちは人間のように愚かではないという自信があり、それを証明するために地上へと下りていく。しかし、これこそがあさはかな考えだった。ほどなくふたりは、美女に誘惑され、情欲にのめりこみ、あろうことかイスラム教では禁じられている酒にまで手を伸ばす始末。神《アッラー》は怒り、ふたりを悪徳の都バビロンの井戸のなかに吊るしてしまう。

こうしてふたりは、バビロンで人間や悪魔に妖術を教えたり、地獄にやってくる悪人に厳しい責め苦を味わわせたりするようになったのだ。

ネルガル

冥界の女王を恋の虜にした色男

メソポタミア神話に登場する水神エアの息子で、戦闘と疫病の神であるネルガルは、冥界《めいかい》の女王エレシュキガルを虜《とりこ》にしたことで名高い。ライオンの姿で描かれる太陽神でもあるが、恵みの太陽ではなく、熱病の原因となる灼熱地獄《しゃくねつじごく》としての太陽であり、人々から恐れられていた。

あるときネルガルは、神々の集まりの場でエレシュキガルが送りこんだ使者を侮辱する。怒った女王はネルガルを冥界へ呼びつける（神々がネルガルを謝罪に行かせたという説もある）。そこで彼女は殺す目的（あるいは冥界から出られなくする目的）でパンやビールをふるまうが、ネルガルは口をつけない。しかし、彼女が沐浴《もくよく》のために自分の体を少し見せると、ついに誘惑に負け、ふたりは結ばれる。彼らは、六日間にわたって床を共にするが、七日目にネルガルは天上へ帰ってしまう。すっかり心を奪われた女王は、天上の神々を脅してネルガルを冥界へ呼びもどす。

この時点から突然ネルガルは凶暴になり、もどると同時に彼女を女王の座から引きずり下ろし、自分が冥界の王となってしまった。

フンババ

英雄たちをおびやかす、杉の森の巨人

『ギルガメシュ叙事詩』において、主人公のギルガメシュと野人エンキドゥをおびやかす、杉の森の巨人である。エンキドゥが「その叫び声は洪水だ。その言葉は火、その息は死だ」と語るように、とてつもない魔力を擁《よう》していたといわれる。その住みかは、背が高くみごとな枝ぶりの杉が生い茂る森で、緑豊かで生命力にあふれていたという。魔物の住みかのイメージとは、ほど遠いのがおもしろい。ギルガメシュとエンキドゥが森の魔物を倒そうとしてやってくると、フンババは「ちっぽけなやつらめ。おまえらをカメだと思ってやろう」と鼻であしらう。

ギルガメシュは相手の迫力におじけづくが、太陽神シャマシュが助け舟を出し、大嵐を呼んでフンババに襲いかからせる。この嵐は、うめきの風や一陣の強風などの十三もの強風で、それらを一身に受けたフンババは、次第に顔が黒ずんでくる。四方八方から風が吹きつけるので、身動きもままならない。英雄ふたりはそこを逃さず、斧と剣を振り落とす。そして、切り落としたフンババの首をいかだにのせて、ユーフラテス川に流したといわれている。

ウトゥック

冥界で人間を呪う、非業の死をとげたものの霊魂

古代バビロニアで、エレシュキガルが統べる冥界《めいかい》には、エディンムという死霊たちが住んでいた。なかでもウトゥックは、死んだときに手厚く葬ってもらえなかったものや、非業の死をとげたものの霊魂といわれ、生きている人間を呪い、さまざまな害をおよぼすと言い伝えられている。

ウトゥックのほかにも、生きている人間を冥界へ引きずりこむガルラ、疫病を広めるナムタルなど、さまざまな種類の邪悪な精霊が存在したという。精霊なので、ふだんは目に見えないが、蛇やサソリなど毒をもった生き物に化けたり、人間にとり憑《つ》いて病気をもたらしたりする。

また、人間の猜疑心《さいぎしん》をあおって反目させたりすることもあり、最終的には、人間を滅ぼすことをねらっている。

ウトゥックにとり憑かれて病気になった人間は、医者の力ではどうすることもできず、水神エアなど上位の神が呪文を唱えることでしか、救う手だてはなかったといわれている。

ラマシュトゥ

子どもをさらい、骨までしゃぶりつくす女悪魔

ラマシュトゥは、ラマツともいわれ、メソポタミアの風の悪魔パズズの妻。魔力はパズズと同等といわれる女悪魔である。出産時の産褥熱《さんじょくねつ》を引き起こしたり、子どもを病気にしたりするので、とくに母親にとっては遠ざけたい恐ろしい存在といえるだろう。

永遠に満たされることがない食欲の持ち主で、子どもをさらって、その血をすすり、肉はもとより骨までしゃぶりつくすともいわれる。

容姿については、蛇の姿、人間の体に獅子の頭とロバの歯、巨大な乳房を有し、犬と豚に乳をやっているなど、諸説ある。

子どもをさらって喰らうという女悪魔は、世界中に存在する。子殺しの呪いをかけられたギリシァのラミア、インドのハリティー、日本の鬼子母神《きしもじん》などである。

女性にとって出産は命がけで、無事に生まれてからも立派に成長する確率が低かったことから、このような子殺しの悪魔が生まれたのであろう。

マーラ

仏陀の修行を妨げる、煩悩のシンボル

仏教の開祖仏陀《ブッダ》の悟りに至るまでの修行を、あらゆる手をつくして妨害した悪魔。悟りを開く妨げのいちばんの要因である煩悩《ぼんのう》、すなわち性的な欲望の象徴とされ、日本で男性の生殖器を「魔羅」と呼称するのは、このマーラが由来である。

煩悩の悪魔であるマーラにとって、仏陀が悟りを開くことは、みずからの滅亡につながる。そこでまず、美しく技に長けた三人の娘を瞑想中の仏陀のもとへ送りこむ。だが、仏陀は数かずの誘惑になびくことなく、たくらみは失敗する。

次にマーラは、悪魔の軍団を送りこむ。千の目をもつ怪物など、恐ろしい形相の悪魔たちが次つぎに襲いかかろうとするが、なぜか仏陀に近づくことさえできなかった。

最後には、マーラみずからが巨大な円盤を振りかざして向かっていくが、これもまた失敗に終わる。武器であったはずの円盤が仏陀に近づくと、花輪になってしまったのだ。こうしてマーラは敗北を認め、仏陀は悟りを開くのである。

ヒラニヤークシャ

大地を海に沈めた、巨人族

ヒラニヤークシャは、巨人族ダイティアの一員で、名前には「金の目をもつ者」という意味がある。ダイティアはアスラと混同されることもあるが、いずれも神々に敵対する種族という点では同じで、神の善行をことごとく妨害することを日課としていた。

人類の祖とされるマヌは、インド創造神ブラフマーから女神に祈ることを教えられていた。マヌは心安らかな場所で祈ろうとするのだが、そのころヒラニヤークシャが、神々がつくった大地を海に沈めてしまう。祈る場所がないマヌは、ブラフマーとともにヴィシュヌのところへ行き、大地をもとにもどしてくれるように頼む。

するとヴィシュヌは、イノシシ姿の第三の化身ヴァラーハになって、海のなかへ入り、海中に沈んだ大地を牙で支えて引きあげる。ヒラニヤークシャは、そうはさせまいとヴァラーハに襲いかかるが、あっという間に殺されてしまう。これを聞いたヒラニヤークシャの弟ヒラニヤカシプは、兄の敵を討つことを固く誓うのであった（次ページ）。

ヒラニヤカシプ

兄の敵を討とうとするが……

兄ヒラニヤークシャ（前ページ）を、ヴィシュヌの化身ヴァラーハに殺されたヒラニヤカシプは、敵を討つために苦行を重ね、その末に創造神ブラフマーから約束をとりつける。それは「神にもアスラにも人間にも獣にも、昼にも夜にも、家のなかでも外でも、あらゆる武器によっても、殺されない」というものであった。こうして永遠の命を手に入れ、天上、地上、地下の三界を支配するようになる。そんな無敵の彼にも悩みがあった。息子プラフラーダが、熱心なヴィシュヌ信者だったのだ。兄の敵を信仰するとは因果なものである。必然、父と息子は対立し、父は息子に信仰を変えるよう迫って拷問にかけ、ついには殺そうとまでした。しかし信仰心は変わらない。

ある日、怒りが頂点に達したヒラニヤカシプは、息子に「ヴィシュヌなどどこにいる？　お前はあらゆる場所にいるというが、それならこの柱のなかにもいるのか」と言いながら柱をたたき割る。すると、その柱のなかからヴィシュヌ第四の化身ナラシンハが現われ、ヒラニヤカシプは引き裂かれる。こうしてダイティア族の兄弟は、そろってヴィシュヌの化身に瞬殺されるのだ。

エキドナ

ギリシア神話の怪物たちを、次つぎと生み出す

ギリシア神話の暗黒編を彩る怪物の大多数は、エキドナを母とするといっても過言ではない。次から次へと魔物を生み出す、その多産ぶりは目を見張るものがある。

エキドナは、上半身は美女、下半身は蛇という姿で、出自は地獄の神タルタロスの娘、ポセイドンの孫など、多くの説があって定かではない。

それでは、彼女が産んだ子どもたちを挙げてみよう。まず、ギリシア神話最強の怪物テュポンとのあいだに、火を吐く獣頭をもつキマイラ、地獄の番犬ケルベロス、百の頭をもつ龍ラドン、九つの頭をもつ蛇ヒュドラ、獅子より獰猛《どうもう》な犬オルトロスなどが生まれている。さらに息子オルトロスとのあいだには、スフィンクス、家畜や人間を襲うネメアの獅子（ライオン）など。

さらに、そのネメアの獅子を倒した英雄ヘラクレスとのあいだにも、アガテュルソス、ゲロノス、スキュテスなどが生まれた。

多くの子孫を残しながら、みずからは百の目をもつ魔神アルゴスに倒されている。

ラーフ

太陽と月を飲みこんだ、不老不死の首

ヒンドゥー教の創世神話には、神々とアスラ（阿修羅《あしゅら》）が協力して海をかきまぜると乳の海になり、そこからさまざまなものが生まれたとある。

乳の海のなかから出てきたものとして、不老不死の妙薬アムリタがあり、これをめぐってアスラと神々とのあいだで争いが始まるのだ。

ラーフはアスラの一員で、いち早くアムリタを奪いとり、ひそかに口にした。しかし、これを太陽神スーリヤと月神ソーマが目撃し、ヴィシュヌに告げ口をする。怒ったヴィシュヌはラーフの首を切り落とすが、アムリタを飲んだラーフの首は、不死身となって残った。ラーフは告げ口されたことを恨んで太陽と月を飲みこんだので、日食と月食が起こるようになったといわれている。ラーフ自身の体も、天に上がってケートゥという凶兆の星となった。

ラーフがどれほどの量のアムリタを飲んだかについては、いろいろな説話がある。しかし、いずれも最後にはアムリタは神々の手に渡り、不老不死の身を得るのは神々のみになるのだ。

ヴァータピー／イルヴァラ

腹を食い破って現われる、エイリアン兄弟

古代インドの叙事詩『マハーバーラタ』に登場する、ラクシャサの兄弟である。いったんは相手の腹のなかにおさまって、名前を呼ばれたら腹を食い破って出てくるという残虐きわまりない悪行をくりかえした。

兄ヴァータピーは、あるとき牡羊の姿になり生贄《いけにえ》となって、あるバラモン（司祭）に食べられる。しかし、弟イルヴァラが名を呼ぶと、その腹を破って再生した。このバラモンは聖なる羊を食べたと思っていたわけで、まさか悪魔がみずからの腹のなかにいたとは知らず、事情を飲みこめないままに命を落としたことになる。この相手の虚をついた殺害方法に味をしめた兄弟は、当時名を上げていたバラモンであるアガスティヤを殺そうとたくらむ。だが、アガスティヤは兄弟の悪行を耳にしていたので、ヴァータピーが化けた牡羊の肉を食べたと同時に消化してしまい、再生不能にしてしまう。兄を失ったイルヴァラも、アガスティヤの前では無力で、あっさり殺されてしまうのだった。アガスティヤのほうが数段役者が上だったようだ。

カバンダ

頭が胴にめりこんだ、異形の鬼神

なみいる悪魔のなかで、異様なビジュアルとして抜きん出ているのが、カバンダである。まず頭がない。それ以外は基本的に人間の形をしているが、胴体部分が顔になっていて、胸付近に目、腹付近に無数の歯のある大きな口、肩付近から伸びる地面につかんばかりの長い腕。そして山のような巨体である。もっとも、はじめからこのような体だったわけではない。

もとはガンダルヴァという妖精であったが、武神インドラと戦ったときに、彼の武器である金剛杵《こんごうしょ》ヴァジュラで頭を打たれ、その衝撃で頭部が胴体にめりこんでしまったといわれている。さらに、妖精からラクシャサ（鬼神）におとしめられてしまう。その後、『ラーマーヤナ』の主人公であるコーサラ国のラーマと戦って倒され、その身を聖火で焼かれた。すると、もとの姿であるガンダルヴァとして生きかえったのだ。カバンダはラーマに感謝し、以降よきアドバイザーとなったという。ラーマがラクシャサの魔王ラーヴァナと戦うときに、猿王ハヌマーンと協定を結ぶよう進言したのもカバンダである。

メーガナーダ

暴れん坊のインドラを倒した、魔王の息子

ラクシャサ族の魔王ラーヴァナの息子で、またの名を「インドラジット」という。これは「インドラを倒した者」という意味で、嵐と戦の神として、その名を轟《とどろ》かせていたインドラを捕らえたときに、与えられた名前である。

生まれた瞬間から怪力の持ち主だったインドラを倒したほどなので、メーガナーダも、かなりの武力を持ちあわせていたと予想できる。その力は、じつはシヴァ神ゆずりではないかという説もある。というのも、メーガナーダの母は、ラーヴァナと結婚する以前、妻帯者であるシヴァ神と関係があったといわれているからだ。メーガナーダがインドラを捕らえると、創造神ブラフマーをはじめとする神々は「インドラジット」という名を与える代わりにインドラを解放するよう提案する。するとメーガナーダはさらに不死身の身体を要求し、ブラフマーはしかたなくその要求をのむ。しかし、不死の儀式を行なっているときに乱入してきたコーサラ国の王子ラーマの弟ラクシュマナによって、不死身の体を得ることなく殺されてしまうのだった。

Another Episode

『ソロモン王の鍵』にみる惑星天使

魔術師の教科書ともいえる『ソロモン王の鍵』には、召喚術、護符の製造法、魔方陣の描きかたなど魔術儀式の詳細が記されている。

その基本となるのは、宇宙の運行を支配する惑星天使の力を、つながりのある図形や金属、色彩などによって利用しようというものだ（下表参照）。

どの天使や星が、どの曜日、時間を支配するのかも定められているが、土曜の朝五～六時は土星、次の一時間は木星、という順に惑星が移動するため、曜日の順番が通常とは異なる。

魔術を行なう際は、有効な日時や効果的な魔法を知る必要があるのだ。

『ソロモン王の鍵』による、天使と惑星、金属の対応表

	大天使	天使	惑星	金属	色	性格
土曜日	ツァフキエル	カシエル	土星	鉛	黒	商売、財産
木曜日	ツァディケル	サキエル	木星	すず	青	発展、成功
火曜日	カマエル	ザマエル	火星	鉄	赤	戦い、勇気
日曜日	ラファエル	ミカエル	太陽	金	黄	希望、幸運
金曜日	ハニエル	アナエル	金星	銅	緑	友人、思いやり
水曜日	ミカエル	ラファエル	水星	水銀	紫もしくは混合色	雄弁、知性
月曜日	ガブリエル	ガブリエル	月	銀	白	旅行、和解

ナス

屍にたかり疫病をもたらす蝿

蝿《はえ》の姿をしたゾロアスター教の女悪魔。死体があるところに集まり、スキあらば目や耳の穴から体内に入りこんで、疫病をあちこちに広めるという、かなりたちの悪い悪魔である。

ふだんは、地獄の入口にあり悪魔の集会の場となる山の洞窟に住んでいる。そしてひとたび死体の臭いを嗅《か》ぎつけると、人間が暮らすこの世に飛んできて悪行を働くのだ。ナスから死体を守るには、呪文を唱えたり、猛禽類《もうきんるい》や犬を見張りに立てるとよいとされている。

アカ・マナフ

人間に邪念を植えつける魔族

ゾロアスター教の大魔王アーリマンが形成する、ダエーワ（悪魔）軍団のひとり。アーリマンが善神アフラ・マズダと敵対したように、アカ・マナフは、天使ウォフ・マナフの善行を妨害するのが使命である。ウォフ・マナフは「善思」＝神の教えを人間に伝え、信仰心を育てるのが務めである。

これに対してアカ・マナフは、人間の心に潜むあさましい思いや憤怒をあおり、神を疑う心を芽生えさせるような邪念を生むことに力を費やすのだ。

ドゥルジ

秩序を破壊し、混乱を生む女悪魔

ゾロアスター教のダエーワ（悪魔）軍団のひとりで「虚偽」を司どる。世界の秩序を破壊することをめざし、疫病をはやらせたり、害虫を大量に発生させるなどして、人間を混乱の渦に巻きこむ。対する天使は「真実」の伝道者で、聖火の守護神のアシャである。ドゥルジは、美しい女神アールマティの姿に化けて、預言者であるゾロアスターを誘惑したことでも知られる。

だが、ゾロアスターは最初から悪魔であることを見抜いていたので、彼女のたくらみは失敗に終わった。

タウティ／ザリチェ

自然界を混乱させる「熱」と「渇き」

タウティは「熱」、ザリチェは「渇き」を司どり、どちらもゾロアスター教のダエーワ（悪魔）軍団の一角をなしている。対する天使は、水の守護神のハルワタート、植物の守護神アムルタートである。

タウティの「熱」は、砂漠の灼熱や熱病の源など、悪性の熱を表わし、その帰結として、干ばつや日照りといったザリチェの「渇き」がある。

こうした自然界の異常気象は、人間にはどうすることもできないことから、悪魔のしわざと考えられた。

バイザク

魔術を教える大魔王の娘

イスラム教最強の悪魔イブリースの娘で、魔術の伝道師である。

イブリースと同じく、堕天使だったハールートとマールートから魔術を習い、彼らのあとを継いだともいわれている。

彼女から魔術を習おうとするものは、なんらかの生贄《いけにえ》を捧げて、みずからに神への信仰心がないことを証明しなくてはならなかった。

神への背信が明らかになれば、イブリースのもとへ導かれ、術を授けられたという。

バハムト

大地の底を支える巨大魚

イスラムの伝説で、神がつくった大地のいちばん下の礎《いしずえ》がバハムトである。バハムトの上に牡牛クジャタ、ルビーの岩山、天使、そして大地という順で層をなしているといわれる。

バハムトは想像を絶するほど巨大な魚の姿をしていて、妖しい光を放っており、『千夜一夜物語』には、その光を見たイエスが三日三晩寝込んだ話が残っている。

巨大魚の下は海と闇が広がっているとされることから、冥界《めいかい》と地上の境目の役を担う魔物といえるだろう。

エレシュキガル

地下を制する冥界の女王

メソポタミア神話において、死と闇を支配する冥界《めいかい》の女王。

日の光が届かない地下の世界で、口にするものは土と泥水ばかりという生活を送っていたため、天上の神々からも疎まれる存在だった。そのため、地上の人間や、ときには神でさえも、スキあらば冥界に引きずりこもうと機会をうかがっていた。

果てることのない性欲の持ち主ともいわれ、男神ネルガルを追いかけ回した結果、女王の座から引きずり下ろされてしまう（283ページ）。

ドゥルガー

近寄りがたき、大母神の化身

シヴァ神の妻である大母神デーヴィーの化身のひとつで、名前は「近寄りがたい者」という意味である。

ヒンドゥーの神々が、アスラ族との戦いで負けそうになったときに生まれたといわれ、十本の手にあらゆる武器を持った姿で描かれることが多い。

とくに水牛の姿の魔神マヒシャとの戦いは激戦で、最後にドゥルガーが三叉矛《さんさほこ》で魔神を突き刺して決着がついた。同じく破壊的な性格をもつカーリーは、ドゥルガーが怒ったときの額から生まれたといわれる。

ヤクシャ

多様な姿で表わされる悪鬼

ヒンドゥー教においては富の神クベーラに仕える精霊たちとして、仏教においては夜叉《やしゃ》、または薬叉《やくしゃ》と呼ばれ、悪鬼として受けとられることも多い。

ヒンドゥー教の創造神ブラフマーによってつくられ、天上の秘宝の番を任されていた。その秘宝をねらうものに対しては容赦しない攻撃をしかけたが、それ以外の人間には手を出すことはなかったという。

仏教の夜叉としては、見るものを恐怖におとしいれる異形をもち、人肉を喰らい、生き血をすするものといわれた。

ハリティー

子どもを喰らう女夜叉

仏教の夜叉《やしゃ》のひとりで、日本では鬼子母《きしも》神《じん》として知られている。

五百人の子どもをもつ母親だったハリティーは、他人の子どもをさらっては、自分の子どもたちに食べさせるという悪行を重ねていた。これを見た仏陀《ブッダ》は、ハリティーの子どものひとりを隠してしまう。わが子がいないことに気づいた彼女は、半狂乱になって探すが見つからない。

そこで仏陀が、子を思う母親の思いを教えると、ハリティーは猛省《もうせい》し、以後、仏教を信仰するようになった。

ラクシャサ

墓場をうろつくヒンドゥーの悪鬼

ヒンドゥー教で邪悪な悪鬼とされ、夜に墓場をうろつき、人肉をむさぼり食べたという。ラクシャサの王はラーヴァナで、ランカー（現在のスリランカ）を都とした。

男のラクシャサは異様な風体をしていたが、女のラクシャサはラクシャシーと呼ばれ、美しい容姿で人間を惑わし、最後には食べてしまったという話が数多く残っている。

のちに仏教にとりいれられると羅刹天《らせつてん》となり、仏法を守護する十二天のひとりとして祀《まつ》られるようになった。

エルリク

冥界を火の海にした、人間の祖先

エルリクは、シベリア地方の創造神ユルゲンが土の塊《かたまり》からつくった原初の人間であった。

しかし、思い上がりが激しかったため、ユルゲンの怒りを買い、罰として地下の世界へ退けられて、冥界《めいかい》の王となった。

ユルゲンは冥界においても、みずからを至高の神として敬《うやま》うよう、エルリクを説きふせるため、英雄マイデレを送りこむ。

エルリクはマイデレを返り討ちにするが、そのとき吹き出した血から炎が上がり、冥界は火の海になったといわれている。

ルサルカ

人間を誘惑する少女の悪霊

スラヴ地方に伝わる水辺に住む精霊で、通りがかった人間を水中に引きずりこんで殺すという。

若くして溺死した女性の霊といわれ、裸に近い妖艶《ようえん》な姿で水辺にいる人間を誘惑する。また、漁師の網を引き裂く、水車小屋を壊すなどの悪戯《いたずら》もした。

ふだんは水中で暮らしているが、春から夏にかけては水の外に出て、通行人に謎かけをする。謎を解けば解放されるが、解けなかったら死ぬまでくすぐり続けるという。

レーシィ

通行人に謎かけをする森の番人

スラヴ地方の森に住み、訪れた人間を道に迷わせる、悪戯《いたずら》が好きな精霊。

人間が森に入ってくると、その人の知人にそっくりな声で話しかけ、謎かけをする。謎が解ければ手出しはせず、解けないと永遠に森のなかをさまよわせるという。

名前はスラヴ語で森を表わす「レス」に由来し、体は白い髪と長いひげでほぼ隠れてしまう。森のなかにいるときは、立ち木と同じくらい背が高く、森の外では木の葉に隠れるほど小さくなるという。まさに森そのものである。

チェルノボグ

「白い神」に敵対する「黒い神」

ロシアの伝説に残る悪神で、名前は「黒い神」を意味する。昼と光を統べる「白い神」ベロボーグと敵対する存在で、夜や闇、そして死を司どる。

この黒と白、善と悪の敵対関係は、近隣のペルシャで興ったゾロアスター教の善神アフラ・マズダと悪神アーリマンの関係によく似ている。

同じロシアの魔物であるチョルトのように、人を罵倒する言葉として、現在もロシアで使われている。

ババ・ヤガー

ロシアの森に住む、気まぐれ魔女

ロシアの昔話に登場する魔女で、土台は巨大な一本のニワトリの足、周囲を人間の骨でつくった生け垣に囲まれた奇妙な家に住んでいる。

森のなかで道に迷うと、鉄製の臼《うす》にのり、鉄の杵で地面をつきながら近づいてくるババ・ヤガーに出会う。運が悪いと、彼女の家に連れて行かれ、かまどで焼かれて食べられてしまうことになる。

しかし、機嫌がよいときは、道を教えてくれたり、魔法の馬を与えてくれたりするという。

セドナ

人間を溺死させて楽しむ女悪魔

アラスカなどに住む民族イヌイットが恐れる、指を切られたひとつ目の女悪魔。もとは人間だったが、海へ落とされた恨みのせいで悪魔となった。

海へ落とされた経緯については、あらたな獲物を求めてカヤックで移動するときに定員オーバーだった、悪霊への生贄《いけにえ》だった、など諸説ある。いずれにしても、落とされて船のへりにつかまったところを、目を潰され、指を断ち切られたという。

それ以来、セドナは人間を溺死させることを楽しむようになったといわれる。

スルト

神に敵対する炎の国の王

北欧神話において、巨人族が支配する炎の王国ムスペルハイムの王が、スルトである。彼の周りはつねに火に包まれていて、斬るものすべてを燃やしつくす炎の剣を持っている。この世を終焉《しゅうえん》へと導くラグナロクの戦いにおいて、スルトは炎の剣を使い豊穣神《ほうじょうしん》フレイをはじめとする神々をなぎ払い、地上のすべての生き物を火で包み、世界は灼熱地獄《しゃくねつじごく》と化した。

こうして、すべてを焼きつくしたのち、海のなかから、緑豊かな新しい大地が浮かび上がってきたという。

アチェリ

山頂から子どもをねらう悪霊

インドに伝わる少女の姿をした悪霊。山の頂《いただき》に住み、夜になると人里に下りてきて不気味な声で歌い、鼓《つづみ》を鳴らして踊りはじめる。その宴会に近づいて、アチェリの影にふれると、病気になるといわれた。

とくに子どもがねらわれることが多く、目をつけられた子どもは高熱を発したり、食べ物を受けつけなくなって、衰弱したという。

人々のあいだでは、赤い糸を首に巻いたり、赤い服を着せると、アチェリを遠ざけられると信じられていた。

クドラク

死んでも復活する黒い悪魔

凶作や疫病などを生み出す魔術師。シンボルカラーは黒で、闇を司どり、白を象徴とする光の神クルースニクと敵対関係にある。

クドラクは、馬や豚などの家畜や炎に姿を変えてクルスーニクと戦うが、いつも負ける運命にあった。しかしその死後、さらに邪悪な魔力を携えて復活してくる。

また、クドラクがとり憑《つ》いた家畜が死んだときは、セイヨウサンザシという木でつくった杭で串刺しにしたり、ひざ下の腱を切って埋葬したという。

Another Episode

コワイ天使とやさしい悪魔

ふつう、天使は正義、悪魔は悪とされる。しかし、そうかんたんに割りきれないのが天使と悪魔の世界。そもそも、天使の代表ともいえるミカエルも、清らかな魂は救済するが、悪い人間は容赦なく地獄に突き落とす。ほかにも、ウリエル、サリエル、地獄の三天使など、たくさんの死の天使を前に「自分はぜったい大丈夫」と胸を張れる人はどれだけいるだろう？

東方においては、イスラム教のイズラーイールも死を司どる天使。また、仏教の天部衆などは、最初から武装しているだけあって、敵に回すと恐ろしい。哪吒《なた》などもかわい気はあるが、昔は相当なやんちゃ坊主。一方、悪魔とはいえ、恋愛を成就させ、ケンカを仲直りさせてくれるアモンは好感がもてる。見た目が怖いくらいが何だ！　アダムの最初の妻リリスも、もとの夫との復縁を拒んだだけで悪魔にされるのは、離婚率の高い現代では十分に同情の余地があるだろう。

さらに、アラビアの精霊ジンや、ペリシテ人から豊穣《ほうじょう》の神として信仰されたダゴン、善悪両面をもったヒンドゥーのカーリーなど、もとは神であったものが別の宗教に駆逐され、結果的に悪魔とされたものもいる。天使と悪魔の線引きはなかなかに難しいのだ。

Part5 聖人と魔導師

聖人

ゲオルギウス

龍退治の英雄は騎士の鑑

その昔、現在のリビアのあたりに、毒をまき散らす巨大な人食い龍がいた。

そして、龍は生贄《いけにえ》に王の娘を求めてきた。だが、悲嘆にくれるところにひとりの騎士が現われ、みごとに龍を捕らえた。その騎士を称える人々は、彼のすすめに従い、王から農民まで二万人がキリスト教に改宗したという。この騎士こそ、聖ジョージの名で知られる英雄ゲオルギウス。イギリスで、功績のあった人に贈られる、ガーター勲章（セントジョージ勲章）にもその名の残る、騎士道の原点である。

魔導師

ソロモン

すべての悪魔を支配する魔導師

ソロモンは、紀元前の古代イスラエル王国の王であり、実際に存在した歴史上の人物だ。だが、その名は史実を離れ、もっとも偉大で、もっとも強大な魔導師として現代に伝わっている。

伝説によれば、ソロモンは天使ミカエルから魔法の指輪をもらい、その力で多くの悪魔を支配し、イスラエル宮殿を建てさせたという。彼が支配できなかった悪魔はおらず、かのベルゼブブですら、ソロモンには逆らえなかったのだ。まさしく最強の魔導師である。

聖人

聖ニコラウス

サンタクロースのモデル

小アジアのミラの町に生まれたキリスト教の司教。一時、破門されるも、イエスと聖母マリアの幻が現われ、潔白を証明してくれたことから「無実の罪に苦しむ人」の守護聖人とされる。

有名なエピソードは、貧しさのあまり娘を身売りしようとする教区の家に、真夜中に訪れて煙突から金貨を投げ入れたというもの。この金貨が煙突の下にあった靴下に入り、娘と家族は助かったという。

こうして、聖ニコラウスの名は「サンタクロース」へと変化していった。

魔導師

アグリッパ

哲人と呼ばれた近代魔術の父

神聖ローマ帝国ケルン生まれの自然哲学者、医師、兵士で十六世紀前半に活躍。ルネッサンス期の自然哲学は魔術や占星術を含んでおり、彼はさまざまな隠秘学を研究した。

当時の魔術知識を集大成した『隠秘哲学について』、逆に懐疑論的立場を表明した『学術の虚栄について』などの著作がある。

当時の知識人にはよくあることだが、アグリッパは黒い犬の姿をした使い魔を使っていて、彼が死んだときに姿を隠したといわれている。

聖人

アヴィラのテレサ

神様に夢中な教会博士

スペインのアヴィラ生まれのテレサは、十九歳で修道院に入る。しかし、修道院の乱れに失望し、宗教改革に力を注ぎ「女子跣足《せんそく》カルメル会」を設立。つねに裸足で歩き、厳しい禁欲生活を貫いた。

病気がちの彼女は、天使の持つ黄金の槍で胸を貫かれ、恍惚に達するなど、さまざまな神秘体験をくりかえす。

彼女は、『完徳の道』、『霊魂の城』など多くの著書を残し、この神秘思想と宗教的エクスタシーの表現は、現在でも多くの神学者に影響を与えている。

魔導師

ティアナのアポロニウス

魔導師伝説の原型

イエス・キリストと同時代にローマ帝国で活躍した新ピタゴラス派の哲学者で、高名な魔術師。修行のために東へ旅し、ペルシャではゾロアスター教のマギ僧、インドではバラモン僧について学んだといわれる。

疫病の流行を予言し、原因となった悪魔を殺して疫病を退治したこと、死者を蘇らせたこと、吸血鬼と結婚しそうになった若者を救ったことなど、後世になって書かれた伝記『アポロニウスの生涯』には、彼が行なったとされる数多くの奇蹟が記録されている。

聖人

洗礼者ヨハネ

キリストを洗礼した先駆者

聖書には「使徒ヨハネ」、「黙示録《もくしろく》のヨハネ」など何人ものヨハネが登場するが、洗礼者ヨハネは、イエス・キリストに洗礼をほどこした人物として、イエスの先駆者に位置づけられている。

貧しい祭司の家に生まれた彼は、イエスの到来に備え、国家的な悔い改めと質素な生活を説き、ヨルダン川で聴衆に洗礼を授けた。イエスは「女から生まれたもののなかで、洗礼者ヨハネより偉大なものはいない」と述べているが、ヘロデ王の結婚を批判したため、処刑された。

魔導師

クロウリー

二十世紀に活躍した魔術師

アレイスター・クロウリーは、ビートルズのアルバムジャケットにも写真が使われた二十世紀の魔術師。世界各国を遍歴し、日本を訪れたこともある。

ヨーガや東洋思想を魔術にとりいれ、シシリー島にテレマ僧院を設立するが、会員から死者を出したため（原因は食中毒）国外退去を命じられる。『ムーンチャイルド』など多数の著書を残し、その後のオカルト運動に大きな影響を与える。また、彼の「トート・タロット」は、現在でもタロット愛好家のあいだで人気がある。

聖人

二郎真君

美形で強い天界のヒーロー

清源妙道真君《せいげんみょうどうしんくん》の号をもち、『封神演義《ほうしんえんぎ》』では、楊戩《ようせん》として変幻の術をもって大活躍。『西遊記《さいゆうき》』では、玉帝《ぎょくてい》の甥として梅山の七怪を引き連れて孫悟空《そんごくう》と互角の戦いを演じる美形の二郎真君。中国神話上最高のヒーローであるが、そんな彼にも実在のモデルがいる。秦《しん》の将軍李冰《りひょう》の次男で、蜀の治水工事を行なった李二郎《りじろう》がそうだ。

また、隋《ずい》の時代に嘉州《かしゅう》を荒らす蛟《みずち》を退治した趙二郎《ちょうじろう》という説もあり、どちらも治水の神として祀《まつ》られるようになった。別名灌《かん》口二郎《こうじろう》とも呼ばれる。

魔導師

パラケルスス

ホムンクルス伝説に彩られた名医

パラケルススは近代医学の祖といわれる十六世紀のスイス人医師。錬金術師で自然哲学者、化学治療の先駆者でもあった。

パラケルススという名前は古代ローマの名医ケルススをしのぐという意味。

天体と人間との間に照応関係があるとして、自然魔術を用いた治療を行ない、当時の医療では絶望的だった患者の命を救った。

その生涯は多くの伝説に彩られ、賢者の石をつくり出した、人工生命ホムンクルスをつくったなどの伝説がある。

聖人

玄奘三蔵

じつは天竺までひとり旅だった

暴れん坊の斉天大聖孫悟空《せいてんたいせいそんごくう》、摩利支天《まりしてん》の部下だった天蓬元帥《てんぽうげんすい》の猪八戒《ちょはっかい》、捲簾大将《けんれんたいしょう》の沙悟浄《さごじょう》を従えて、天竺までの長い道のりを進む『西遊記』の三蔵法師。物語では三人（匹？）の活躍に隠れて、あまり目立たない存在である。だが実際は、ひとりでシルクロードを越え、天竺（現在のインド）から教典を持ち帰った不屈の人物だった。

二十六歳で国禁を犯して密出国。十六年の歳月をかけて天竺と唐のあいだを徒歩で横断した。帰国後は許され、慈恩寺などで教典の翻訳にあたった。

魔導師

ド・ガイタ

魔術師たちが呪いあう薔薇戦争

十九世紀半ば以降、ヨーロッパで薔薇《ばら》十字主義を唱える魔術結社がいくつか誕生した。フランスのスタニスラフ・ド・ガイタ侯爵の率いる「薔薇十字のカバラ結社」もそのひとつだ。

彼は、魔術師でもあったブーラン神父、オカルト小説『彼方』の作家J・K・ユイスマンスらの設立した結社と敵対し、呪いをかけあい、薔薇戦争と呼ばれる魔術戦を行なった。事の真相は不明だが、両陣営の対立は激化し、最後にはピストルを使っての決闘にまでおよんでいる。

聖人

ジャンヌ・ダルク

フランスを救った聖少女

「オルレアンの乙女」と呼ばれたフランスの救世主。フランス東部の貧しい農家に生まれたジャンヌは、十三歳のときに天使から「イギリスの手からフランスを救え」と命じられる。

十七歳で王太子シャルル七世の命を受け、百合《ゆり》の紋章の旗を掲げて戦場を駆け、みごとにイギリス軍を撃破した。だが、味方の裏切りによりイギリス軍に捕らえられると、異端審問にかけられ、魔女として火あぶりにされた。彼女が聖女になったのは、死後五百年をへてからだった。

魔導師

ファウスト

悪魔と契約した魔法博士

フルネームは、ヨハン（あるいはゲオルグ）・ファウスト。ドイツの錬金術師で占星術師である。

ゲーテの詩劇『ファウスト』の主人公として有名だが、実在した人物だ。彼はドイツ各地を放浪し、奇怪なインテリとして、当時から有名な人物であったらしい。

それゆえ、「悪魔と契約した男」という伝説が生まれたのであろう。ゲーテの詩劇、および民間伝承のファウスト博士の物語は、メフィストフェレスの項（２００ページ）を参照してほしい。

聖人

マグダラのマリア

イエスの復活に立ち会った女

イエスに七つの悪霊を追い出してもらったマグダラのマリアは、ガラリヤの野からイエスに従った女性である。磔《はりつけ》にされたイエスを遠くから見守り、その埋葬を見届け、さらに復活したイエスにも最初に会い、弟子のなかでもとくにイエスに近い存在だった。一時は「罪深い女」などと同一視され、元娼婦とされてきたが、近年はその地位も見直されている。

一方、小説などではイエスの妻としても描かれ、想像力を刺激する魅力的な存在である。

魔導師

エリファス・レヴィ

近代オカルティズムの元祖

十九世紀フランスの代表的なオカルティスト。本名はアルフォンス・ルイ・コンスタン。筆名は本名をヘブライ語化したもので、『高等魔術の教理と儀礼』などの著作を残している。ティアナのアポロニウスの霊を召喚するという儀礼を実験しているが、その本領は実践面より理論面にあった。

魔術を精神力の技法として体系化し、後に続くド・ガイタ、クローリーなどのヨーロッパのオカルティストはもちろん、ボードレール、バタイユといった文豪・詩人にまで深い影響を与えた。

参考文献

『図説・天使と精霊の事典』ローズマリ・エレン・グィリー著、大出健訳　原書房
『天使の世界』マルコム・ゴドウィン著、大瀧啓裕訳　青土社
『天使のひきだし―美術館に住む天使たち』視覚デザイン研究所・編集室著　視覚デザイン研究所
『天使辞典』グスタフ・ディヴィッドスン著、吉永進一監訳　創元社
『図説・天使百科事典』ローズマリ・エレン・グィリー著、大出健訳　原書房
『ムー謎シリーズ　増補改訂版　天使の事典』学習研究社
『天使の美術と物語』利倉隆著　美術出版社
『ジャンヌ・ダルク　愛国心と信仰』村松剛著　中公新書
『ファウスト』ゲーテ著、高橋義孝訳　新潮文庫
『失楽園』ミルトン著、平井正穂訳　岩波文庫
『神曲』ダンテ著、山川丙三郎訳　岩波文庫
『新潮　世界文学小辞典』新潮社
『仏像学入門』宮治昭著　春秋社
『目で見る仏像・天』田中義恭／星山晋也著　東京美術

『インド神話入門』長谷川明著　新潮社
『仏像のすべて』花山勝友著　PHP研究所
『図解　仏像のみかた』佐藤知範著　西東社
『改訂版　仏像見分け方事典』芦田正次郎著　北辰堂
『ヒンドゥー教』シベール・シャタック著、日野紹運訳　春秋社
『密教曼荼羅』久保田悠羅／佐藤俊之／山本剛共著　新紀元社
『ムハンマドの生涯』アンヌ・マリ・デリカンブル著、後藤明／小林修／高橋宏訳　創元社
『世界の名著　17　コーラン』藤本勝次／伴康哉／池田修訳　中央公論社
『イスラーム辞典』黒田壽郎編　東京堂出版
『図説　コーランの世界』大川玲子著　河出書房新社
『天国と地獄の百科』ジョルダー・ノベルティ著、竹山博英／柱本元彦訳　原書房
『イメージの博物誌　天使』P・L・ウィルソン著、鼓みどり訳　平凡社
『夢の宇宙史』澁澤龍彥著　河出文庫
『世界の神話百科　東洋編』レイチェル・ストーム著、山本史郎／山本泰子訳　原書房
『天使とは何か』フィリップ・フォール著、片木智年訳　せりか書房
『宗祖ゾロアスター』前田耕作著　ちくま学芸文庫

『中国神話・伝説大辞典』袁珂著、鈴木博訳　大修館書店
『封神演義の世界』二階堂善弘著　大修館書店
『封神演義　英雄・仙人・妖怪たちのプロフィール』遥遠志著、シブヤユウジ画　新紀元社
『悪魔の事典』フレッド・ゲティングズ著、大瀧啓裕訳　青土社
『地獄の辞典』コラン・ド＝プランシー著、床鍋剛彦訳　講談社
『西洋魔物図鑑』江口之隆著　翔泳社
『堕天使―悪魔たちのプロフィール Truth In Fantasy』真野隆也／シブヤユウジ著　新紀元社
『悪魔の美術と物語』利倉隆著　美術出版社
『悪魔のダンス―絵の中から誘う悪魔』視覚デザイン研究所・編集室著　視覚デザイン研究所
『黒魔術の手帖』澁澤龍彦著　河出書房新社
『秘密結社の手帖』澁澤龍彦著　河出書房新社
『私の旧約聖書』色川武大著　中央公論社
『悪魔事典』山北篤／佐藤俊之監修　新紀元社
『妖怪魔神精霊の世界』山室静／山田野理夫／駒田信二執筆代表　自由国民社
『メソポタミアの神話』ヘンリエッタ・マッコール著、青木薫訳　丸善ブックス
『古代メソポタミアの神々』岡田明子／小林登志子著　集英社

『メソポタミアの神話』矢島文夫著　筑摩書房
『最古の宗教』ジャン・ボテロ著、松島英子訳　法政大学出版局
『世界宗教事典』ジョン・R・ヒルズ編、佐藤正英訳　青土社
『魔女狩り』J・M・サルマン著、池上俊一監修、富樫瓔子訳　創元社
『異端の肖像』澁澤龍彥著　河出書房新社
『魔術師の饗宴』山北篤と怪兵隊著　新紀元社
ほか、旧約聖書、新約聖書をはじめ、多数の書籍およびWebサイトを参考にしています。

本書は、二〇〇六年にPHP文庫より刊行された『「天使」と「悪魔」がよくわかる本』を再編集したうえ、改題したものです。

MdN新書
049

天使《てんし》と悪魔《あくま》

2023年6月11日　初版第1刷発行

監修者　吉永進一《よしながしんいち》
編著者　造事務所《ぞうじむしょ》

発行人　山口康夫
発　行　株式会社エムディエヌコーポレーション
〒101-0051　東京都千代田区神田神保町一丁目105番地
https://books.MdN.co.jp/
発　売　株式会社インプレス
〒101-0051　東京都千代田区神田神保町一丁目105番地
装丁者　前橋隆道
DTP　造事務所
写真提供　アフロ
印刷・製本　中央精版印刷株式会社

カスタマーセンター
万一、落丁・乱丁などがございましたら、送料小社負担にてお取り替えいたします。
お手数ですが、カスタマーセンターまでご返送ください。

落丁・乱丁本などのご返送先
〒101-0051　東京都千代田区神田神保町一丁目105番地
株式会社エムディエヌコーポレーション　カスタマーセンター　TEL：03-4334-2915

書店・販売店のご注文受付
株式会社インプレス　受注センター　TEL：048-449-8040／FAX：048-449-8041

内容に関するお問い合わせ先
株式会社エムディエヌコーポレーション　カスタマーセンターメール窓口 info@MdN.co.jp
本書の内容に関するご質問は、Eメールのみの受付となります。メールの件名は
「天使と悪魔　質問係」としてください。電話やFAX、郵便でのご質問にはお答えできません。

Editor 加藤有香

ISBN978-4-295-20528-9　C0216